汽车钣金修复技术

主　编◎时景来　宿昊宗

副主编◎丁云鹏　王立君

電子工業出版社.

Publishing House of Electronics Industry

北京·BEIJING

内 容 简 介

本书结合企业实际需求，从实际工作中选取了典型工作任务，并按照岗位技能的要求进行编写，全书共 6 个学习单元：汽车钣金维修安全防护措施、车身外板的维修、车身测量与校正、车身板件更换、汽车精致修复、塑料件的修复。本书详细介绍了环境安全、人身安全、设备安全、辨别车身材料、认知车身结构、分析车身碰撞损伤、维修车身外板、车身测量、车身校正、车身板件的更换要求、车身板件的分割方法、车身焊接、车身覆盖件的更换、车身结构件的更换、汽车精致修复、汽车轮毂修复、汽车大灯翻新、认知塑料、塑料部件的维修等内容。本书中的重难点内容配有相应的教学视频，扫描相关二维码即可观看。

本书资料翔实、图文并茂、通俗易懂，既可作为职业学校"理实一体化"教材，也可作为培训教材供广大汽车钣金维修人员阅读使用。

图书在版编目（CIP）数据

汽车钣金修复技术 / 时景来，宿昊宗主编. —北京：电子工业出版社，2023.7

ISBN 978-7-121-45976-4

Ⅰ. ①汽… Ⅱ. ①时… ②宿… Ⅲ. ①汽车—钣金工—职业教育—教材 Ⅳ. ①U472.4

中国国家版本馆 CIP 数据核字（2023）第 130020 号

责任编辑：张镨丹

印　　刷：三河市双峰印刷装订有限公司

装　　订：三河市双峰印刷装订有限公司

出版发行：电子工业出版社

　　　　　北京市海淀区万寿路 173 信箱　邮编　100036

开　　本：880×1 230　1/16　印张：14.5　字数：348 千字

版　　次：2023 年 7 月第 1 版

印　　次：2023 年 7 月第 1 次印刷

定　　价：43.50 元

党的二十大报告指出，"教育、科技、人才是全面建设社会主义现代化国家的基础性、战略性支撑。必须坚持科技是第一生产力、人才是第一资源、创新是第一动力，深入实施科教兴国战略、人才强国战略、创新驱动发展战略，开辟发展新领域新赛道，不断塑造发展新动能新优势"。本书结合汽车维修企业钣金岗位实际需求，从实际工作中选取了典型工作任务，并按照岗位技能的要求进行编写，针对党的二十大报告中劳动教育的回归，围绕"要通过劳动教育，使学生能够理解和形成正确的劳动观，树立劳动最光荣、最崇高、最伟大、最美丽的观念，体会劳动创造美好生活，体认劳动不分贵贱，热爱劳动，尊重普通劳动者，培养勤俭、奋斗、创新、奉献的劳动精神，具备满足生存发展需要的基本劳动能力，形成良好劳动习惯"。让学生学会尊重劳动和热爱劳动，形成热爱劳动、珍惜劳动成果、尊崇劳动的正确价值观，通过在劳动实践中认识社会、感知社会，树立正确的价值观、劳动观，在以后的人生道路上为美好生活而劳动，为祖国建设而奋斗。

本书按照工作过程系统化的方法进行梳理，以汽车钣金典型工作任务为载体，对行业背景、企业人才需求状况和"专业群"毕业生就业能力进行充分调研，以企业典型工作场景、主流技术规范和核心技术路线为主导，紧跟行业发展趋势和技术发展方向，引进企业新技术、新规范和新工艺。本书从知识、技能和素养三维目标出发，注重思想政治内容的融入，关注学生职业素养的培养，体现职业教育"五育"并举的作用。

本书按照企业的实际工作过程进行课程内容的整合，全书包括 6 个学习单元：汽车钣金维修安全防护措施、车身外板的维修、车身测量与校正、车身板件更换、汽车精致修复、塑料件的修复。全书的"知识与技能"共有 19 个学习小项：环境安全、人身安全、设备安全、辨别车身材料、认知车身结构、分析车身碰撞损伤、维修车身外板、车身测量、车身校正、车身板件的更换要求、车身板件的分割方法、车身焊接、车身覆盖件的更换、车身结构件的更换、汽车精致修复、汽车轮毂修复、汽车大灯翻新、认知塑料、塑料部件的维修。每个学习小项均配有相应的工作页，每个学习单元均配有理论测试和实践考核。

本书既注重专业知识、理论和必备技能的掌握，又兼顾企业的典型工作任务和工作流程，让学生的学习和工作融为一体，强化学生在真实工作情境中整体化解决专业问题的能力。本书以学生的认知规律为基础，综合其职业发展需求和职业成长规律，注重知识内容的前后衔接。全书的学习单元在排列上按照由易到难的顺序，同时每个单元也可单独成为一个学习模块，在教学上具有很强的灵活性。中职学生可重点掌握前三个学习单元的知识与技能，高职学生可以完成所有单元的学习。

本书由北京市昌平职业学校时景来、宿昊宗担任主编，丁云鹏、王立君担任副主编。

由于编者水平有限，书中难免存在不足之处，恳请广大读者批评指正。

编 者

目　录
CONTENTS

学习单元 1　汽车钣金维修安全防护措施……………………………………001

　1.1　学习目标……………………………………………………………001

　1.2　情境引入……………………………………………………………002

　　1.2.1　接受任务………………………………………………………002

　　1.2.2　任务分析………………………………………………………003

　1.3　知识与技能…………………………………………………………003

　　1.3.1　环境安全………………………………………………………003

　　1.3.2　人身安全………………………………………………………006

　　1.3.3　设备安全………………………………………………………012

　1.4　理论测试……………………………………………………………014

　1.5　计划与决策…………………………………………………………017

　1.6　任务实施……………………………………………………………018

　1.7　任务评估……………………………………………………………018

　1.8　任务反思……………………………………………………………019

　1.9　知识拓展……………………………………………………………019

学习单元 2　车身外板的维修………………………………………………022

　2.1　学习目标……………………………………………………………022

　2.2　情境引入……………………………………………………………023

　　2.2.1　接受任务………………………………………………………023

　　2.2.2　任务分析………………………………………………………024

　2.3　知识与技能…………………………………………………………024

　　2.3.1　辨别车身材料…………………………………………………024

　　2.3.2　认知车身结构…………………………………………………033

2.3.3　分析车身碰撞损伤 ·· 039

2.3.4　维修车身外板 ··· 046

2.4　理论测试 ··· 077

2.5　计划与决策 ·· 080

2.6　任务实施 ··· 081

2.7　任务评估 ··· 082

2.8　任务反思 ··· 083

2.9　知识拓展 ··· 083

学习单元 3　车身测量与校正 ··· 086

3.1　学习目标 ··· 086

3.2　情境引入 ··· 087

3.2.1　接受任务 ·· 087

3.2.2　任务分析 ·· 088

3.3　知识与技能 ·· 088

3.3.1　车身测量 ·· 088

3.3.2　车身校正 ·· 114

3.4　理论测试 ··· 124

3.5　计划与决策 ·· 128

3.6　任务实施 ··· 130

3.7　任务评估 ··· 131

3.8　任务反思 ··· 132

3.9　知识拓展 ··· 132

学习单元 4　车身板件更换 ··· 134

4.1　学习目标 ··· 134

4.2　情境引入 ··· 135

4.2.1　接受任务 ·· 135

4.2.2　任务分析 ·· 136

4.3　知识与技能 ·· 136

4.3.1　车身板件的更换要求 ·· 136

4.3.2　车身板件的分割方法 ·· 139

4.3.3　车身焊接 ·· 146

　4.3.4　车身覆盖件的更换 …………………………………………… 162

　4.3.5　车身结构件的更换 …………………………………………… 167

4.4　理论测试 ………………………………………………………………… 177

4.5　计划与决策 ……………………………………………………………… 180

4.6　任务实施 ………………………………………………………………… 182

4.7　任务评估 ………………………………………………………………… 183

4.8　任务反思 ………………………………………………………………… 184

4.9　知识拓展 ………………………………………………………………… 184

学习单元 5　汽车精致修复 ……………………………………………… 186

5.1　学习目标 ………………………………………………………………… 186

5.2　情境引入 ………………………………………………………………… 187

　5.2.1　接受任务 ……………………………………………………… 187

　5.2.2　分析任务 ……………………………………………………… 188

5.3　知识与技能 ……………………………………………………………… 188

　5.3.1　汽车精致修复 ………………………………………………… 188

　5.3.2　汽车轮毂修复 ………………………………………………… 191

　5.3.3　汽车大灯翻新 ………………………………………………… 194

5.4　理论测试 ………………………………………………………………… 197

5.5　计划与决策 ……………………………………………………………… 198

5.6　任务实施 ………………………………………………………………… 200

5.7　任务评估 ………………………………………………………………… 201

5.8　任务反思 ………………………………………………………………… 201

5.9　知识拓展 ………………………………………………………………… 202

学习单元 6　塑料件的修复 ……………………………………………… 205

6.1　学习目标 ………………………………………………………………… 205

6.2　情境引入 ………………………………………………………………… 206

　6.2.1　接受任务 ……………………………………………………… 206

　6.2.2　任务分析 ……………………………………………………… 207

6.3　知识与技能 ……………………………………………………………… 208

　6.3.1　认知塑料 ……………………………………………………… 208

　6.3.2　塑料部件的维修 ……………………………………………… 211

6.4　理论测试 ·· 216

6.5　计划与决策 ·· 217

6.6　任务实施 ·· 219

6.7　任务评估 ·· 221

6.8　任务反思 ·· 222

6.9　知识拓展 ·· 222

参考文献 ··· 224

学习单元 1

汽车钣金维修安全防护措施

1.1 学习目标

◎ 素质目标

1. 能够在小组中与他人高效沟通交流;
2. 能够通过多种途径收集资料, 检索提炼, 构建逻辑关系;
3. 能够参照资料独立或多人合作完成简单工作任务;
4. 在工作过程中, 注重培养学生安全、规范操作意识, 以及做好场地的清洁和环境保护工作。

✍ 知识目标

1. 了解汽车钣金车间布局及管理要求;
2. 熟悉汽车钣金维修常用设备的操作方法及安全使用规则;
3. 熟悉危险预知判断方法;
4. 掌握用电、消防等相关安全设备的使用方法;
5. 掌握汽车钣金维修工作中危害操作人员安全的因素;
6. 掌握在汽车钣金维修工作中的个人安全防护知识;
7. 掌握常用的人员急救处理方法;
8. 掌握汽车钣金维修过程中对于废弃物的处理方法。

↻ 技能目标

1. 能够根据工作环境及内容选择合适的个人安全防护用品并正确佩戴;
2. 能够根据工作中遇到的危险选择合适的处理办法;

3. 能够规范操作常用的钣金工具;

4. 能够根据工作环境正确分析存在的安全隐患并制订应对措施;

5. 能够按照相关规定正确处理维修中的废弃物并做好环境卫生保护与安全工作。

 ## 1.2 情境引入

据新闻报道,某汽修厂维修车间的一名维修技师在使用双柱举升机举升车辆过程中车辆发生偏斜,造成车辆滑落伤人事件,举升车辆如图 1-1 所示。通过对整个事件分析后发现,这次事故主要是设备维护保养不及时和维修技师操作设备不规范,以及没有严格遵守车间相关安全生产管理规定造成的。

图 1-1 举升车辆

本单元主要介绍汽车钣金维修工作环境,分析维修中存在的危险因素并正确制订应对措施,另外,重点讲述维修人员的安全防护、个人安全准则、工具与设备安全操作规范等相关知识。

1.2.1 接受任务

1. 企业工作任务:汽车钣金维修技师在对事故车辆进行维修时,分析维修过程中有哪些相关的安全注意事项?

2. 角色扮演:请一名同学扮演车间经理,另一名同学扮演维修技师,完成接待任务。其他同学观察并记录优点及需要改进的地方。

优点	需要改进的地方

1.2.2 任务分析

安全防护是生产人员和现场工作人员必须时刻铭记的基本知识。作为一名劳动者应时刻牢记"安全第一，预防为主"的生产方针。基于汽车钣金维修过程中存在的诸多安全隐患和从以往事故的过程分析中发现的一些问题，如设备的不安全状态、人员的不安全行为、场地的不安全因素等，为了保障人身和设备安全，下面从环境安全、人身安全、设备安全 3 个方面进行深入探讨。

 # 1.3 知识与技能

1.3.1 环境安全

1.3.1.1 车间安全

钣金维修车间常遭受有害气体、灰尘等的危害，因此应采取相应的控制措施来保证通风。

① 可采用换气系统进行地面抽气，或采用强力抽气中心来抽吸维修时产生的磨料和喷漆场地的灰尘，需要注意的是，只有在通风良好的环境下运行发动机，才能防止一氧化碳的危害。

② 若车间安装了尾气排气系统，可利用它排出车间内积聚的一氧化碳。

③ 如果车间没有安装尾气排气系统，可使用直接通往室外的管道系统，通过过滤装置将尾气排出室外。

1. 汽车钣金维修车间布局

钣金维修工作环境，需具备良好的通风条件和干净整洁的工作场地。钣金工作区一般分为钣金加工检验工位、钣金加工校正工位、车身校正工位和材料存放工位等，如图 1-2 所示。该工作区要完成事故车辆的检查、零部件拆卸、板件修理、车身焊接、车身测量校正、车身板件更换和车身装配调整等工作。

图 1-2 钣金工作区

其中车身校正工位可以完成车身测量校正、车身焊接、车身装配调整工作，因此该工位应放置一台车身校正仪。车身校正仪的平台长度一般为 5～6 m，宽度一般为 2～2.5 m，在车身校正仪平台外围至少要有 1.5～2 m 的安全操作空间。车身校正工位的长度一般为 8～10 m，宽度一般为 5～6.5 m。

另外，钣金维修车间经常使用压缩空气和电，所以对气路和电路有明确要求。钣金维修车间内压缩空气的压强一般为 0.5～0.8 MPa，用压缩空气清洁时，空气压强在 0.5 MPa 以下。一般在车间内使用一个压缩空气站，各个工位上都有压缩空气接口，要求管路要在沿墙或者靠近车间顶板的位置布置，并且每个工位上至少留出 2 个接口安装开关，且开关采用快速接头。

钣金维修车间的用电量很大，因此每个工位至少留出 2 个三孔的插座（不小于 15 A）。对于大功率的电阻点焊机，其焊接电流不小于 30～40 A，所以在工位上应设置专用配电箱，配电箱的位置距离工位不能超过 15 m，否则焊机接线过长，引起线路过热，可能会对设备和人员的安全构成一定的威胁。

2．车间管理

车间管理要具备完善的车间管理制度。在墙面应贴有安全生产规程和设备操作安全规程，以及对在车间内追逐、打闹等影响安全的行为制订的管理制度和要求。现从以下 4 个方面介绍车间管理的相关内容。

（1）电气安全。

在使用电动工具和电动设备时，应注意以下安全事项：

① 修理电动设备和电动工具前应先断开电源，以免发生电击危险，严重的或可致人死亡。

② 随时保持地面干净、无水迹和油渍。在使用电动工具和电动设备时必须保持地面干燥。

③ 应确保电动工具和电动设备的电源线正确接地，插座完好。定期检查电源线的绝缘层有无裂缝或裸露出导线，若有，应及时更换破损的电源线。

（2）车间驾驶车辆安全。

在车间驾驶车辆时，应注意以下安全事项：

① 小心驾驶。在车间内移动车辆时，应沿着车间规定的固定路线慢速驾驶并始终保持一个车窗打开的状态，确保驾驶员能够很容易地听到同事发出的警示。同时查看车辆的各个方向，确保没有人或者物品挡住道路。

② 安全固定车辆。在对车辆进行作业时应拉起驻车制动器。如果车辆为自动变速器，则应置于驻车挡；如果车辆为手动变速器，则挂入空挡。另外，还应安装好车轮挡块。

③ 点火钥匙转到关闭位置。如果钥匙处于打开位置且变速器又挂着挡，那么在转动发动机曲轴时，发动机很可能会起动。

④ 手指远离处于拉伸状态时的弹簧。发动机罩盖和车门的铰链弹簧非常有力，应防止手指被弹簧夹伤或割破。

（3）消防安全。

汽车钣金维修过程中经常会接触到高温、易燃物体，极易造成火灾。燃烧的三个基本要素是温度、氧气和易燃物，三个要素缺少一项即可熄灭火源。为避免火灾的发生，应注意以下安全事项：

① 车间内禁止吸烟。

② 车间内应配备足够的灭火器并摆放到固定位置。

③ 易燃材料应远离热源，并且不要在调漆间附近使用割炬或焊接设备。例如，在对车身材料进行焊接或使用割炬、等离子弧切割机时，必须先将易燃的车身隔音材料拆下。

④ 在车辆内饰旁进行焊接和切割时，应将座椅或地板垫拆下，并用防火毯盖上。

⑤ 为避免电气火灾发生，在进行电气作业或在车身作业时，一定要断开蓄电池，防止车辆上的导线短路。

⑥ 一旦不慎发生火灾，不要慌张，应谨慎处理。切勿打开门窗，以防止空气流动使火势变大。若火势较大，应迅速拨打火警电话。为避免吸入烟气，此时人要贴近地面，如果火势过大，应及时离开。

在车间内一般都应配备水龙头、灭火器、防火沙等灭火材料。

灭火器的分类及适用范围：按照充装的灭火剂分类，现行的灭火器分类法把灭火器分为水基型灭火器（水系灭火器）、干粉型灭火器（ABC灭火器）、二氧化碳灭火器和洁净气体灭火器四类。目前常见的三类灭火器中，干粉型灭火器和水基型灭火器可以扑灭A类火、B类火、C类火及电火，二氧化碳灭火器可以扑灭B类火、C类火及电火。

灭火器的使用方法如下：

① 使用灭火器时应站在距离火源2～3 m的位置，在室外使用时注意应占据上风方向。

② 使用干粉灭火器灭火前，应先将灭火器上下颠倒摇晃几次，使筒内干粉松动。

③ 使用手提式干粉灭火器时，应先拔下保险销，一只手握住喷嘴的前端，另一只手用力压下压把，干粉灭火剂便会喷射出来；使用推车式干粉灭火器时需要两人配合，一人先把喷带放顺、放平直（反之灭火器不能正常使用），手握喷枪，然后另一人才能拔下保险销，用力打开阀门。

④ 使用干粉灭火器扑救流散液体火灾时，应从火焰侧面对准火焰根部喷射，并由近到远，左右扫射，快速推进，直至把火焰全部扑灭。

⑤ 使用干粉灭火器扑救容器内可燃液体火灾时，应从火焰侧面对准火焰根部，左右扫射。当火焰被赶出容器时，应迅速向前推进，将余火全部扑灭。灭火时应注意不要把喷嘴直接对准液面喷射，以防干粉气流的冲击力使油液飞溅，造成火势扩大，导致灭火困难。

⑥ 使用干粉灭火器扑救固体物质火灾时，应使喷嘴对准火势最大处，左右扫射，并尽量使干粉灭火剂均匀地喷洒在燃烧物的表面，直至把火全部扑灭。

⑦ 使用干粉灭火器时，在灭火过程中应注意始终保持干粉灭火器的直立状态，不得横卧或颠倒，否则将不能喷粉。同时注意使用干粉灭火器灭火后应仔细检查现场，防止复燃。因为干粉灭火器的冷却作用甚微，在着火点存在炽热物的条件下，灭火后易复燃，所以现场要

仔细检查清理火星，避免复燃。

（4）危险品和废弃物的处理。

汽车维修中的危险品有汽油、柴油、油漆、氧气、乙炔气等。这些危险品在运输过程中专车专用，分类存放在由专人保管的仓库或储存室。这些储存危险物品的地方，应设置醒目的警示标志和警示语，并配备相应的灭火器材。

为做好环境保护工作，维修中产生的废弃物要做到分类收集，统一回收。

1.3.1.2　工作页

1. 对于大功率的电阻点焊机，其焊接电流不小于＿＿＿＿＿＿＿＿＿。注意焊机电源线＿＿＿＿＿＿＿＿＿＿＿＿＿＿＿＿＿＿＿＿＿。

2. 灭火器按照充装的灭火剂分为＿＿＿＿＿＿、＿＿＿＿＿＿、＿＿＿＿＿＿、＿＿＿＿＿＿。

3. 燃烧的三要素：＿＿＿＿＿＿、＿＿＿＿＿＿、＿＿＿＿＿＿。

4. 在车间驾驶车辆时，应注意哪些安全事项？

＿＿

＿＿

5. 灭火器的使用方法有哪些？

＿＿

＿＿

1.3.2　人身安全

1.3.2.1　头部的防护

1. 安全帽

如图 1-3 所示，在进行修理作业时要佩戴安全帽，防止灰尘和油污的污染。

2. 透明面罩

如图 1-4 所示，在切割和打磨金属材料时会产生大量的飞溅铁屑，所以在操作前需要佩戴透明面罩，避免金属屑飞溅，伤到眼睛。

视　频
穿戴安全防护用品

图 1-3　安全帽　　　　　图 1-4　透明面罩

3. 护目镜

如图 1-5 所示，护目镜的作用主要是在进行锤击、钻孔、磨削和切削等操作时保护眼睛。

但在进行可能会造成严重面部伤害的操作时，还需佩戴透明面罩。

4．焊接面罩

在进行气体保护焊、等离子弧焊或氧乙炔焊操作时应佩戴有深色镜片的焊接面罩，能够保护面部免受高温、紫外线或熔化金属的灼伤，深色镜片保护眼睛免受强烈光线或电弧紫外线的伤害，如图 1-6 所示。焊接面罩材料为防火 PP，视窗尺寸为 90 mm×40 mm，灵敏度和恢复时间可调节。响应速度为 1/20 000～1/30 000 s（明态到暗态），恢复时间为 0.1～1 s（暗态到明态）。焊接面罩采用不同焊接方式的遮光号选用标准：遮光号在明态时调为 DLN4，在暗态时调为 DLN9-13，以适应不同环境条件中的作业。

图 1-5　护目镜

图 1-6　焊接面罩

5．防尘呼吸器

防尘呼吸器一般指使用多层滤纸制作的廉价纸质过滤器，也叫防尘口罩，它能够阻挡空气中的微粒、粉尘进入人的鼻腔、咽喉、呼吸道和肺部，如图 1-7 所示。在进行打磨等作业时会产生大量的粉尘，所以应佩戴防尘呼吸器。

6．焊接呼吸器

焊接作业中危害健康的因素有弧光辐射、金属烟尘和有害气体三种。如在对镀锌钢材进行焊接时，产生的烟尘和锌蒸气会对人体造成非常大的伤害。基于上述原因，应佩戴焊接呼吸器。在焊接呼吸器上有个特殊的滤筒，用来吸收焊接时产生的烟尘，如图 1-8 所示。

图 1-7　防尘呼吸器

图 1-8　焊接呼吸器

焊接呼吸器的保养非常重要，在使用焊接呼吸器前要先检查有无空气泄漏，对焊接呼吸器的密合性进行测试，检查负压和正压，通常使用以下方法：

（1）负压测试。将手掌放在滤芯上并吸气，密合性良好时，面罩部分会随着正常的呼吸而朝向脸部凹陷。

（2）正压测试。将手掌放在滤芯上并向外呼气，密合性良好时，面罩部分会鼓起，而空气不会随着正常的呼气从面罩中溢出。

（3）将烷基醋酸盐靠近面罩的密封处，如果未闻到气味，则密封良好。

定期检查面罩，确保没有裂纹或变形。焊接呼吸器应保存在气密的容器内或塑料自封袋中，并保持清洁状态。

7．耳罩（或耳塞）

在高分贝环境下工作需要佩戴耳罩或者耳塞等耳朵防护用品，如图 1-9 所示。如在使用气动錾、气动锯等切割工具、敲击板件、打磨等作业时产生的高分贝噪声会对耳朵产生伤害。同时在焊接时使用耳塞或耳罩可以避免熔化的金属进入内耳。

　　　（a）耳罩　　　　　　　　　　　　　　　（b）耳塞

图 1-9　耳朵防护用品

1.3.2.2　身体防护

进入车间必须穿工作服，不能身着宽松的衣服，不能佩戴松垂的领带，以及不能披着衣服。另外，在工作前应摘除佩戴的饰物。

1．专用焊接工作服

在焊接时，裤长要能盖住鞋头，防止炽热的火花或熔化的金属进入鞋子。下身可穿皮质的裤子、护腿来防止熔化的金属烧穿衣物，上身的保护包括焊接围裙或焊接服，如图 1-10 所示。

　　（a）焊接围裙　　　　　　　　　　　　　（b）焊接服

图 1-10　专用焊接工作服

2．手套

汽车维修过程中经常会使用到的手套有棉纱手套、焊接手套、溶剂手套等。

棉纱手套：防止金属毛刺的伤害，如图 1-11（a）所示。

焊接手套：焊接时应佩戴焊接手套，防止被熔化的金属烧伤，如图1-11（b）所示。

溶剂手套：在维修车辆过程中，当接触各类有机溶剂或化学液体时，应佩戴溶剂手套，可以有效避免皮肤受到伤害，如图1-11（c）所示。

（a）棉纱手套　　　　　　　　　　（b）焊接手套　　　　　　　　　　（c）溶剂手套

图1-11　汽车维修中常用的手套

1.3.2.3　腿、脚和膝部的防护

在车间工作时，应穿鞋头有金属板的安全鞋，既能防滑，又能避免重物砸伤脚，如图1-12（a）所示。

在焊接时穿好绝缘鞋，在腿部和脚部穿戴皮质护腿和护脚，防止触电事故的发生，如图1-12（b）所示。

在维修中可能会跪在地上作业，长时间操作会引起膝盖损伤，所以需要佩戴护膝，如图1-12（c）所示。

（a）安全鞋　　　　　　　　　　（b）护腿和护脚　　　　　　　　　　（c）护膝

图1-12　腿、脚和膝部的防护

1.3.2.4　人身安全准则

维修人员在进行修理作业时要遵守以下原则：

（1）掌握信息。在使用各种工具、设备前，应认真学习产品说明书上的使用方法和注意事项。

（2）佩戴好个人防护用品。打磨、喷砂或处理溶液时，应穿戴好透明面罩、防尘呼吸器、工作服和安全鞋，保证面罩与皮肤紧密贴合，防止吸入灰尘和微粒。

（3）在压缩空气吹洗汽车的过程中，使用压缩空气枪吹洗车门侧壁和其他难以达到的地方时，应佩戴护目镜和透明面罩。不要使用压缩空气吹身上的灰尘，以免压缩空气的压力把铁屑等杂质嵌入人体皮肤。

（4）金属处理过程。金属的处理剂中含有磷酸，吸入这种化学物质或皮肤、眼睛接触到这种物质，可能会引起发炎，所以在使用这些材料时，要佩戴护目镜、穿工作服、戴焊接手套及焊接呼吸器。

（5）场地安全。在工作场地禁止追逐、打闹，工作区很多设备、工具，气和电的管路、线路都有着潜在的危险，可能会对人员和物品的安全构成一定的威胁。

（6）搬运物品。抬起和搬运物品时，应弯曲膝盖而不能弯曲腰部。搬运重物时必须使用适当的设备。

1.3.2.5　常见意外伤害急救方法

在日常工作生活中，意外伤害很难避免，各种疾病有时也难以预料，如果不及时医治或操作不当的话，很可能会对自身或他人的身体造成伤害，所以掌握一些急救知识是非常必要的。下面就介绍 4 种常见的急救知识。

1．烫伤

一旦发生烫伤，应先降低烫伤皮肤的温度，用水进行冲洗，减少烫伤处的进一步损伤，同时也能减缓疼痛。具体做法是立即将被烫伤部位放置在流动的冷水下冲洗或是使用凉毛巾冷敷，如果烫伤面积较大，伤者应将整个身体浸泡在放满冷水的浴缸中，用纱布或是绷带松松地缠绕在烫伤处以保护伤口。如果伤口没有破开，则浸泡 10 min 左右；如果伤口处已经破开，就不能进行浸泡，以免感染。

注意事项：烫伤过于严重，甚至达到三级烫伤时，应先用干净的纱布覆盖或暴露，并迅速送往医院治疗。烫伤处应避免在阳光下直射，注意包扎后的伤口不要接触水，烫伤的部位也不要过多活动，以免伤口与纱布摩擦，增加愈合时间。

2．扭伤

扭伤是关节部位的损伤。一旦受伤，应立即用弹性绷带包扎，并将受伤部位垫高，避免再次损伤。

注意事项：禁止活动受伤的关节，否则容易加重韧带损伤，留下不可逆转的后遗症。

3．眼外伤

眼外伤是由于机械性、物理性、化学性等因素直接作用于眼部，引起眼部结构和功能的损害。由于眼部的位置暴露，眼外伤发病率较高，其后果不仅影响视力，还会留下残疾，严重者甚至丧失劳动能力。

（1）当眼睛遭遇跌撞伤后，颜面部出现青紫肿块及出血，该怎么处理？

处理方法：眼挫伤后应先进行冷敷，每天 3～4 次；出血停止后 48 h 开始热敷，每天 3～4 次，每次 15 min。如果发现患眼内有出血的情况，或采取上述措施后疼痛不减轻、视力下降，应及时到医院进行全面检查。

（2）如果遭遇细小金属碎片或石子高速飞进眼睛内，该怎么处理？

处理方法：避免挤压和涂擦眼膏，应使用大小合适的盖子，经开水等消毒后，盖住脱出的伤眼并包扎，迅速送往医院急诊。对于插入眼球里的异物，原则上不应将其强行拉出。同时伤员应尽量避免颠簸及低头动作，防止眼内容物进一步脱出。

4．触电急救处理

汽车维修过程中经常会接触到高压电及电动工具、设备等，易发生触电的危险。下面介绍一些关于触电后的急救方法。

（1）触电后要立刻脱离电源。

使触电者脱离电源的方法：立即将闸刀打开或将插头拔掉，切断电源。找不到开关或插头时，可使用绝缘的物体（如干燥的木棒、竹竿、手套等）将电线拨开，使触电者脱离电源，也可以通过使用绝缘工具切断电线来切断电源。若遇高压触电事故，应立即通知有关部门停电。

（2）脱离电源后要及时施救。

当触电者脱离电源后，应根据触电者的具体情况迅速对症救护，力争在触电 1 min 内进行救治。现场应使用的主要方法是口对口人工呼吸和体外心脏挤压法，严禁打强心针。

1.3.2.6 工作页

1．汽车钣金维修中人身安全防护用品有：＿＿＿＿、＿＿＿＿、＿＿＿＿、＿＿＿＿、
＿＿＿＿等。

2．焊接呼吸器的检测方法有哪些？

_____

_____

3．切割时应佩戴哪些防护用品？

_____

_____

4．焊接作业时应佩戴哪些防护用品？

_____

_____

5．结合图示，标出表中防护用品的名称和应用范围。

图示	名称	应用范围

图示	名称	应用范围
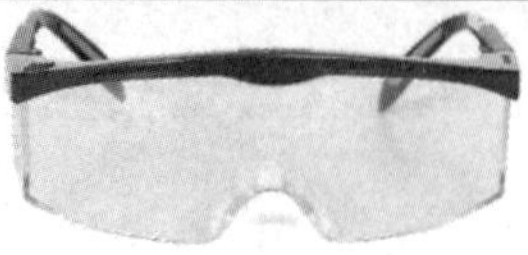		

1.3.3　设备安全

在汽车钣金维修过程中会用到手动、电动、气动工具和校正设备，在使用这些工具和设备前要充分了解其使用方法、安全注意事项及操作规程，避免发生危险。

1.3.3.1　手动工具的安全

（1）请勿将手动工具用作任何非设计规定的用途。

（2）手动工具应保持清洁和良好的工作状况。

（3）在进行研磨、打磨或处理溶剂时请勿佩戴隐形眼镜。

（4）操作扳手时用拉而不是推的动作。

（5）在进行其他操作时，不要把旋具、冲子或其他尖锐的手动工具放到口袋里，以免刺伤自己或损坏车辆。

（6）严禁同时打开多个工具柜抽屉。

（7）将所有零部件和工具整齐、正确地存放在指定位置。

1.3.3.2　动力工具和设备的安全

动力工具和设备主要有气动和电动两种。

（1）使用电动工具和设备时，必须注意安全用电。

（2）使用动力工具前，要安装好动力工具的护具。

（3）在使用动力工具和设备时，不能超出其额定功率。

（4）在使用液压设备时，应缓慢施加压力，注意观察，确保安全。

（5）焊接用的气瓶一定要固定牢靠，防止倾倒产生危险。使用完毕后应关闭气瓶顶部的总气阀。

（6）使用冲击性气动工具（如风锤、风镐、风铲、风枪等）时，必须把工具置于工作状态后，才可通气。

（7）使用气动工具、气源时应加装油水分离器，以免混浊空气进入，磨损机件。

（8）供气的金属管和软管应进行吹洗，管口不得对人，吹洗时与套口的连接应牢固。

（9）气管不得呈现锐角，当其遭受挤压或受到损坏时，应立即停止使用。

（10）气动工具在使用过程中，沿气管方向不得站人，以防气管脱口伤人。

（11）更换工具附件，须待气体全部排出，压力下降后，才可进行操作。

1.3.3.3 车辆举升机的安全

在举升机举升汽车时，要先确定装有排气催化转换器的车辆在举升机和排气系统部件之间有足够的间隙，方可将车辆开上举升机。使用举升机时，必须遵守以下安全操作规程：

（1）使用前应清除举升机附近妨碍作业的器具及杂物，并检查操作手柄是否正常。

（2）机器操作机构应灵敏有效，液压系统不允许有爬行现象。

（3）支车时，四个支脚应在同一平面上，调整支脚胶垫高度，使其接触车辆底盘的支撑部位。

（4）支车时，车辆不可支得过高，支起后四个托架要锁止。

（5）待举升车辆驶入后，应将举升机支撑块进行调整、移动，对正该车型规定的举升点。

（6）举升车辆时，操作人员应站在侧面操作，在车辆离开地面 15 cm 时停止举升，按压车辆前后位置，确定车辆是否稳定，确认安全稳定后继续举升车辆直到需要的高度，然后插入保险锁销，并确保安全可靠才可以开始车底作业。

1.3.3.4 移动式千斤顶的安全

（1）将车辆停放在平坦坚硬的地面上，并置于驻车挡，拉起驻车制动器并使用车轮挡块塞住车轮。

（2）把千斤顶的支架放置在车身维修手册推荐的汽车举升点的位置。

（3）顺时针转动千斤顶手柄时关闭升起支架的液压阀，然后上下摇动手柄，缓慢升起车辆。

（4）当车辆升起到足够高度后，应将车辆放置在支架上，利用支撑架支撑。

（5）车辆维修好后，利用千斤顶把它放下来时，应逆时针慢慢转动手柄让车辆缓慢下降，防止车辆猛然降落，造成损伤。

1.3.3.5 砂轮机的安全

使用砂轮机前应检查砂轮有无损伤、裂纹，然后进行空转试验，确认无问题后方可使用。

在操作时需佩戴防护眼镜，集中精神。磨削时应避免撞击，应用砂轮正面磨削，禁止使用砂轮侧面，防止砂轮破碎伤人。操作砂轮机时应站在其侧面，并且不得两人同时使用同一个砂轮，还需要注意的是砂轮片有效半径磨损达 2/3 时必须更换。

1.3.3.6　工作页

1．手动工具使用注意事项有＿＿＿＿＿＿＿＿＿＿＿＿＿＿＿＿＿＿＿＿＿＿＿＿＿＿＿＿。

2．使用冲击性气动工具时，必须＿＿＿＿＿＿＿＿＿＿＿＿＿＿＿＿＿＿＿＿＿＿＿＿。

3．压缩空气＿＿＿＿＿＿＿＿清洁衣物。

4．使用移动式千斤顶支撑车辆时，应将车辆停放在＿＿＿＿地面上，并置于＿＿＿＿挡，＿＿＿＿并用＿＿＿＿塞住车轮。

5．实训。

准备常用的钣金维修工具（钣金锤、电动角磨机、气动锯），通过工作站的方式进行钣金工具保养，将学生分 3 组，分别在 3 个工作站完成检查项目，同时记录检查结果，并给出判断。

（1）外观检查，检查工具是否有破损、油污；

（2）检查工具功能是否正常；

（3）对钣金工具进行常规保养。

序号	维护项目	操作步骤	安全注意事项	备注
1	钣金锤			
2	电动角磨机			
3	气动锯			

1.4　理论测试

一、填空题

1．汽车钣金修复工作区一般分为＿＿＿＿＿＿、＿＿＿＿＿＿、＿＿＿＿＿＿和材料存放工位。

2．车身修复工作区主要使用压缩空气和电，车身维修车间内压缩空气的压强一般为＿＿＿＿＿＿。

3．在噪声级很高的场合停留时间过长，会导致听力丧失。在经常有噪声的环境里，应该戴上＿＿＿＿＿＿或＿＿＿＿＿＿。

4．使用砂轮机前应检查砂轮有无损伤、裂纹，然后进行＿＿＿＿＿＿，确认无问题后方可使用。

5. 个人防护用具包括_____、_____、_____等。

6. 焊接面罩的材料为_____，视窗尺寸为_____，灵敏度和恢复时间可调节。响应速度为_____（明态到暗态），恢复时间为_____（暗态到明态）。

二、单项选择题

1. 使用灭火器时应该对准（   ）。

    A．火焰上部喷射灭火剂   B．火焰中部喷射灭火剂

    C．火焰根部喷射灭火剂

2. 车身维修车间所使用的压缩空气压强是（   ）。

    A．0.1～0.3 MPa   B．0.5～0.8 MPa

    C．0.3～0.5 MPa

3. 电阻点焊机焊接时的电流为（   ）。

    A．30～40 A   B．20～30 A

    C．10～20 A

4. 防护效果最好的呼吸器是（   ）。

    A．滤筒式呼吸器   B．供气式呼吸器

    C．防尘式呼吸器

5. 焊接时佩戴焊接面罩的主要目的是（   ）。

    A．防止紫外线对眼睛伤害   B．看清楚焊接位置

    C．防止头部碰伤

6. 维修人员在进行某项操作时要佩戴耳罩，这项操作是（   ）。

    A．焊接   B．拧螺栓   C．打磨

7. 在对小的板件打孔时，正确的操作是（   ）。

    A．用手握紧后打孔   B．用台钳夹紧后打孔

    C．用脚踩紧后打孔

8. 用压缩空气进行清洁时，空气压力要求在（   ）。

    A．0.8 MPa 以下   B．0.3 MPa 以下

    C．0.5 MPa 以下

9. 在使用液压机时，操作者应该站在（   ）。

    A．液压机的正面   B．液压机的侧面

    C．液压机的下面

10. 举升机举升车辆时，正确的操作是（   ）。

    A．直接举升   B．在举升中要不断停下检查

    C．举升 150 mm 后停下检查后再举升

11. 举升机举升车辆后，应（   ）。

    A. 液压自锁　　　　　　　　　B. 安全钩锁紧

    C. 液压自锁和安全钩锁紧共同作用

12. 移动式液压千斤顶降低高度时应（   ）。

    A. 顺时针慢慢转动手柄　　　　B. 逆时针慢慢转动手柄

    C. 上下压动手柄

13. 对滤筒式呼吸器进行负压测试的方法是（   ）。

    A. 手掌放到滤芯上并吸气　　　B. 手掌放到滤芯上并向外呼气

    C. 手掌罩住呼气器出气口并呼气

14. 保护耳朵的耳罩主要防止（   ）。

    A. 低分贝噪声对听力的伤害　　B. 中分贝噪声对听力的伤害

    C. 高分贝噪声对听力的伤害

15. 使用灭火器时，离火源的距离是（   ）。

    A. 2～3 m　　　　　　　　　　B. 1～2 m

    C. 3～4 m

三、判断题

1. 在车身修复操作时不要身着过于宽松的衣服。　　　　　　　　　　　　（　　）

2. 在进行车身修复操作时，地面要保持干净、无水。　　　　　　　　　　（　　）

3. 当车间发生火灾且烟雾过大时，要及时打开门窗进行排烟。　　　　　　（　　）

4. 在进行气体保护焊焊接时，佩戴好防护面具即可。　　　　　　　　　　（　　）

5. 在气动锯切割钢板时，需要佩戴耳罩。　　　　　　　　　　　　　　　（　　）

6. 在调漆间附近可以使用割炬或焊接设备进行操作。　　　　　　　　　　（　　）

7. 使用移动式千斤顶举升车辆到一定高度后，可以在车下作业。　　　　　（　　）

8. 安全鞋的主要作用是防止长时间站立产生脚部疲劳。　　　　　　　　　（　　）

9. 对镀锌钢材进行焊接时，烟尘和锌蒸气会对人体产生非常大的伤害。　　（　　）

10. 在进行车身修复操作时，电动工具和电动设备的电源线应该正确接地。　（　　）

四、简答题

1. 进行焊接操作时，要注意哪些安全事项？

_____

_____

2. 如何安全地举升车辆？

_____

_____

1.5 计划与决策

1. 分组制订"汽车钣金维修（打磨、焊接、切割、车身校正）作业存在的安全隐患"工作计划。

工作计划表

序号	工作情境	产生的危害	安全防护用品	注意事项
1	打磨			
2	焊接			
3	切割			
4	车身校正			
小组成员及分工		组长：　　　记录员：　　　安全员：　　　展示员： 卫生员：　　　质检员：　　　联络员：　　　其他：		
计划审核（教师）		年　月　日　　签字：		
操作中出现的问题			经验总结及改进措施	

2. 学生小组合作，按照任务决策的关键要素完成任务决策。

（1）与师傅沟通，明确计划可行性。

> 工作任务的时间控制和成本控制，工作步骤的正确性、规范性和合理性，工作过程的安全性和环保性，考虑厂商的经济效益和工作效率等，并记录决策结果与师傅的建议。

（2）与客户沟通，明确计划可行性。

> 请站在客户的角度，和客户沟通任务计划实施的可能性（包括有几种可能供客户选择的方案，哪些项目做或不做，现在做还是未来做，考虑客户的成本控制、时间控制、安全性、环保性、美观性和便利性等，并记录决策结果与客户的意见）。

1.6 任务实施

1. 学生按照本组制订的工作计划进行安全防护操作，将操作过程及结果记录到工作计划的表格中。

2. 查询工厂信息管理系统，进行备件和人员工资测算后，将其记录在工作计划表中的相关位置。

3. 实施过程评价。

（打磨、焊接、切割、车身校正）作业时安全防护评价表

序号	评价内容	评价标准	配分	得分
1	作业前检查	防护用品：焊接面罩、防尘呼吸器、护腿、安全鞋、焊接手套、耳罩（耳塞）、棉纱手套、护目镜、透明面罩、安全帽等； 设备：校正仪、气动锯、气动打磨机、焊机等，每项 0.5 分，扣完为止	10	
2	切割、打磨作业防护	未正确使用耳罩，此项 5 分	15	
		未正确使用透明面罩，此项 5 分		
		未正确使用棉纱手套，此项 5 分		
3	焊接作业防护	未正确使用焊接工作服，此项 8 分	40	
		未正确使用焊接手套，此项 8 分		
		未正确使用耳罩（耳塞），此项 8 分		
		未正确使用焊接面罩，此项 8 分		
		未正确使用护腿，此项 8 分		
4	车身校正作业防护	未正确使用安全帽，此项 5 分	15	
		未正确使用棉纱手套，此项 5 分		
		未正确使用护目镜，此项 5 分		
5	工作过程	文明操作，轻拿轻放，言行举止等合乎要求，动作规范且正确，其中有野蛮操作行为扣 5 分，有不文明语言行为扣 5 分，扣完为止	15	
6	"5S"管理	设备、工量具恢复原状并归位，保持工作场地干净整洁，漏一项扣 1 分，扣完为止	5	
		合　计	100	

1.7 任务评估

1. 小组合作完成任务检查，对工作计划、工作过程和工作结果进行评估，记录优缺点及改进建议。

（1）检查工单（检测结果、维修建议、维修措施、故障排除情况）。

（2）必要的 5S 管理（车辆、工位、场地）。

（3）请根据实施安全防护操作的实际情况，完善改进工作计划。

2．车辆维修结束，进行功能检查并将修复后的车辆及相关物品交付给组长，作为修理工需要交付哪些物品？写出交付车辆过程中需要注意的事项。

1.8 任务反思

在"汽车钣金维修安全防护措施"的学习过程中你有哪些收获，总结一下吧！

序号	项目	总结内容
1	单元知识点总结	
2	目标达成情况	
3	达成目标的原因	
4	未达成目标的原因	
5	工作过程反思	
6	在今后学习中要保持的	
7	在今后学习中要杜绝的	
8	在今后学习中要尝试的	

 ## 1.9 知识拓展

KYT

1. 什么是 KYT

KYT：K——危险（Kiken），Y——预知（Yochi），T——训练（Training），即危险预知活动，是针对生产特点和作业全过程，以危险因素为对象，以作业班组为团队开展的一项安全教育和训练活动。

2．KYT 的目的

它是一种群众性的"自主管理"活动，其目的是提高员工对危险的感受性，对作业的注意力及解决问题的能力，控制作业过程中的危险，预测和预防可能出现的事故。

3．KYT 的实施

1）KYT 的基本方法

选定图片或以工作中的某个情景，领导介绍其内容，大家分析，如图 1-13 所示。

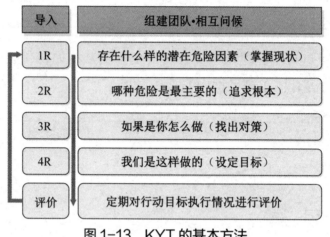

图 1-13　KYT 的基本方法

2）KYT 的实施步骤

第一步：寻找潜在危险因素（1R），以现场、现物为中心，让大家轮流分析，找出潜在的危险因素，并想象（预测或预见）可能出现的后果。每小组一般 5～7 人，每人至少提一条。

第二步：确定主要危险因素（2R），在所发现的危险因素中找出 1～3 个主要危险因素。

每人指出 1～2 条认为最危险的项目，在认为有问题的项目上画一个"〇"。问题集中、重点化，最后形成大家公认的最危险的项目（合并为 1～2 个项目）；画"◎"的项目为主要的危险因素，列出集中画的 1～2 项，表述为"由于……导致发生……的危险"，将其全部写出。

第三步：寻找候选对策（3R），针对主要危险因素，每人制订出具体、可实施的对策（提出的对策必须在实践上切实可行，并且不为法规所禁止）并合并成 1～2 项最可行的对策。

第四步：确定执行对策（4R），统一思想，在所有对策中选出最优化的重点安全实施项目，设定为小组行动目标。同时为了达成共识、加深印象，主持人带领全体组员以"手指口述"的方式共同确认小组的行动目标。

3）实施要点

（1）主持人应充分发挥组织和引导作用，调动每一个人发言的积极性，防止活动变成主持人唱独角戏。

（2）流程正确（必须严格按照 4R 要求进行训练）；过程清楚（每个步骤必须要达到所要求的目的，做到抓住重点，不能含糊不清和混淆）。

（3）表格填写规范、正确。

（4）危险因素描述准确，对策措施具体可行。

（5）行动目标重点突出、简练（要求针对本岗位、作业，不能千篇一律）。

（6）对策措施必须进行落实，防止活动流于形式。

4．KYT 开始时的注意事项

（1）同样的事，不同的人会有不同的看法，KYT 需要依靠集体的力量，互相启发才能共同提高。

（2）一定要借助团队的力量，以小组为单元，指定一个领导。

（3）首先，大家要相互接受别人的说法。实施时，每个人要讲真话且多发言，不能有"自己说错了怕别人说"的想法。

（4）同一作业，识别结果不求一致，重点在 1R。

（5）多采用与作业内容相关的图片以加深学生（员工）的印象。

（6）任何人都要严格遵守规则，哪怕是微不足道的违反事项，发现就要当场纠正，这种态度是非常必要的。

学习单元 2

车身外板的维修

2.1　学习目标

素质目标

1. 能够在小组中与他人高效沟通交流;

2. 能够参照资料独立或多人合作完成简单的工作任务;

3. 能够通过多种途径收集资料;

4. 在进行车身外板维修过程中,严格按照标准流程进行操作,强化学生的规范操作和安全防护意识;

5. 在完成工作任务过程中,提升学生认真负责的职业素养。

知识目标

1. 熟悉车身常用材料及其性能;

2. 熟悉车身种类及结构;

3. 熟悉车门类型及结构;

4. 掌握车身碰撞变形的诊断方法;

5. 掌握常用钣金维修工具(手动工具:钣金锤、垫铁、车身钣金锉刀等;气动工具:打磨机等;设备:整形机等)的使用方法及注意事项;

6. 掌握车身外板的修复方法(敲击法、拉伸法、顶撬法、收缩法);

7. 掌握车门的拆装与调试方法;

8. 掌握车身外板修复质量的检测方法。

技能目标

1. 能够正确识别车身部件及材质；
2. 能够准确判断事故车的损伤情况（损伤范围、程度等）；
3. 能够根据车门受损情况选择合适的修复方法并规范使用工具将受损部位恢复原状；
4. 能够按照维修手册的工艺要求，规范使用工具进行车门的拆装与调整；
5. 能够按照维修标准正确进行车身外板的质量检验。

2.2　情境引入

　　一辆汽车在行驶过程中与路边障碍物发生剐蹭，受损车辆如图 2-1 所示。通过观察发现车门有变形的情况，如何将受损的车门恢复原状呢？本单元将带领大家一起认识车身的结构和材料，并对事故车辆进行损伤分析，根据汽车碰撞诊断的基本步骤，选择合适的钣金工具、设备，按照维修工艺流程将受损的车门恢复原状。

图 2-1　受损车辆

2.2.1　接受任务

　　1. 角色扮演：请一名同学扮演前台接待员，另一名同学扮演客户，完成接待任务。其他同学观察并记录优点及需要改进的地方。

优点	需要改进的地方

2. 在实习车上，填写任务工单，分析车辆损伤程度，明确损伤部件的维修方法。

车主姓名		日期	
车　　型		车牌号	
发动机号		VIN 号	
联系电话			
通信地址			
故障现象描述：			
检查维修建议：			
故障结论（更换或维修的零部件记录）：			
取车付款： 现金　　　　　　　银行卡		维修人： 收款人：	

2.2.2　任务分析

完成事故车的维修任务，首先要了解车辆的结构和材质，正确分析汽车的碰撞损伤情况，确定损伤部位及其部件；其次根据车辆的损伤程度选择合适的修复方法，并规范使用工具和设备将受损部位恢复原状。

通过目测法初步判断车身受损部位及受损部件（车门、门槛、前翼子板等）。选取其中典型部件——车门进行维修说明，重点是掌握车门的拆装与调整方法，以及维修工艺的灵活运用。

 ## 2.3　知识与技能

2.3.1　辨别车身材料

车身材料既要满足车身设计、生产制作、装配、维修方面的要求，又要满足实用性、安全性等方面的要求，还要满足强度、刚度、耐腐蚀及可焊接、易加工成型等方面的要求，常用的汽车车身材料如图 2-2 所示。在汽车制造过程中，除了使用金属材料，还广泛使用非金属材料，如风挡玻璃、轮胎、传动带等都是由各种非金属材料制成的。非金属材料具有许多优良的理化性能，可以满足某些特殊要求，而且原料来源丰富、加工简便，因此得到了广泛应用。

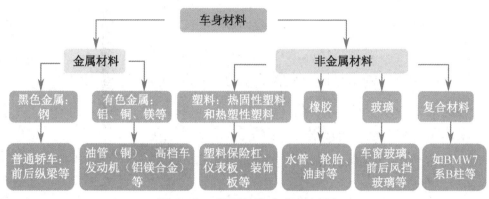

图 2-2　常用的汽车车身材料

2.3.1.1　金属材料

随着汽车行业的飞速发展，市场要求车身的质量越来越轻，安全性能越来越高，所以普通的钢材已经不能适应汽车发展的需要，因此在车身上开始大量应用不同种类的新材料，如图 2-3 所示。新材料的大量应用使车身板件的性能发生了非常大的改变，传统的修理方法已经不能很好地修复已损坏的车身板件。只有了解车身上主要材料的性能和种类，才能有针对性地对新型车身进行高质量的修复。

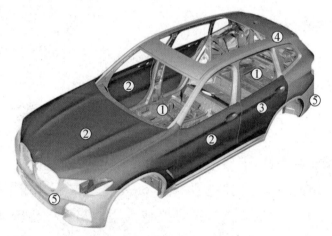

① 其他钢类；② 铝合金；③ 烘烤硬化钢；④ 深拉延钢；⑤ 塑料（PP+EPDM）

图 2-3　不同种类的新材料

金属材料的主要性能分为使用性能和工艺性能。使用性能是指材料在使用过程中表现出来的性能，包括物理性能、化学性能、机械或力学性能等；工艺性能是指材料对各种加工工艺适应的能力，包括可锻性、可铸性、可焊性、切削性、延展性、淬透性等。

1. 金属材料的使用性能

（1）金属材料的物理性能。

金属材料的物理性能是指金属材料受自然界中各种物理现象（如温度、电磁和地心引力等）的作用所表现出来的反应，其中金属的化学成分不变。金属材料的物理性能主要包括以下 6 个方面。

① 密度：单位体积金属材料的质量。

② 熔点：金属材料由固体熔化成液体时的温度。

③ 热膨胀性：金属材料受热体积膨胀的性能。

④ 导热性：金属材料传导热量的性能。

⑤ 导电性：金属材料传导电流的性能。

⑥ 磁性：金属材料导磁或被磁铁吸引的性能。

（2）金属材料的化学性能。

金属材料的化学性能是指金属材料抵抗氧化和腐蚀性介质侵蚀的能力。金属材料的化学性能主要包括以下 3 个方面。

① 耐腐蚀性：金属材料抵抗大气中的氧、水蒸气等介质侵蚀的性能。

② 耐氧化性：金属材料在高温下保持足够的抵抗氧化的性能。

③ 耐酸碱性：金属材料抵抗各种酸类、碱类侵蚀的性能。

（3）金属材料的机械或力学性能。

金属材料的机械或力学性能指金属材料抵抗外力的性能。金属材料的机械或力学性能主要包括以下 5 个方面。

① 强度：金属材料抵抗变形和断裂的能力。

② 硬度：金属材料局部抵抗比它更硬的物体压入其表面的能力。一般以布氏硬度（HB）或洛氏硬度（HR）为标准。

布氏硬度，即用一定的载荷，把一定大小的淬硬钢球压在金属材料表面，并保持一定的时间，而载荷与球面痕迹面积之比，即为硬度值。布氏硬度广泛用于各种退火状态下的钢材、铸铁和有色金属等的试验。

洛氏硬度，即用一定的载荷，把直径为 1.588 mm 的淬硬钢球或顶角120°的圆锥形金刚石压在金属材料表面，以压痕深度来判断硬度值大小。洛氏硬度分为 HRC（采用 150 kg 载荷）、HRB（采用 100 kg 载荷）、HRA（采用 60 kg 载荷）三种。其中 HRA 适用于测定硬质合金、表面淬火钢等的硬度；HRB 适用于测定软钢、退火钢和铜合金等的硬度。

③ 弹性：金属材料受外力作用发生变形，当外力消失后仍能恢复原状的能力。

④ 塑性：金属材料在外力作用下，不发生破坏的永久变形的能力。

⑤ 韧性：金属材料在循环或交变载荷应力的作用下，不发生破坏的能力。

2. 金属材料的工艺性能

（1）可锻性。

可锻性指金属材料在冷却状态下，承受锤锻发生变形而不被破坏的性能。

（2）可铸性。

可铸性指金属材料熔化后可以铸造成各种形状的性能，主要指金属材料熔化后的流动性和冷凝后的收缩性。流动性越好，收缩性越小，则可铸性越好。

（3）可焊性。

可焊性指金属材料焊接后能牢固结合的性能。

（4）切削性。

切削性指金属材料可以被各种刀具切削的性能。

（5）延展性。

延展性指金属材料的延性和展性。金属材料能够拉伸成线的性能叫延性，能够碾轧成板的性能叫展性。

（6）淬透性。

淬透性指金属材料在热处理中的可淬硬性和获得淬透层深度的能力。

3．金属材料的热处理

所谓热处理，就是将金属材料在固态下通过加热、保温和冷却的有机配合，使其内部组织改变，以获得所要求的机械、物理和化学性能的一种工艺。热处理的工艺过程分为加热、保温、冷却 3 个阶段，同时这也是热处理的共同特点。

（1）退火。

退火是将工件加热到一定温度后放置在炉内保温一定时间，随炉温缓慢冷却下来的一种工艺操作方法。

退火的目的：消除铸件、锻件和焊接件的内应力，降低硬度，改善其加工性能；细化晶粒，均匀组织，改善其机械性能。

（2）正火。

正火是将工件加热到转变温度以上 30～50℃，经保温一定时间后在空气中冷却的一种工艺操作方法。

正火的目的：细化晶粒，减少内应力，增加强度和韧性，改善其加工性能。

（3）淬火。

淬火是将工件加热到临界温度以上 30～50℃，并保温一定时间后在水（盐水）或油中快速冷却的一种工艺操作方法。

淬火的目的：提高工件的硬度和强度，与回火配合以获得良好的机械性能。

（4）回火。

回火是将淬火后的工件加热到临界温度以下的某一所需温度，并保持一定温度，然后在空气中或油中缓冷的一种工艺操作方法。

回火的目的：减少和消除工件淬火后的内应力，稳定组织，减少脆性，提高塑性和韧性。

（5）调质处理。

调质处理是利用淬火和高温回火的双重热处理方法，借以得到良好的综合机械性能，尤其是好的冲击韧性的一种工艺操作方法。

调质处理的目的：满足许多在动载荷下工作的零部件的要求。

（6）表面热处理。

表面热处理是工件通过表面淬火或化学热处理，使其表面和心部达到不同性能的一种工艺操作方法。

表面热处理的目的：满足在动载荷及摩擦条件下工作的零部件对材料表面和心部性能的不同要求。

① 表面淬火。

表面淬火是指通过改变工件表层的组织来改变其性能的一种处理方法，即利用火焰或感应电流快速加热，使工件表层很快达到淬火温度，当热量还来不及传到心部时，就立即冷却的一种工艺操作方法。

② 化学热处理。

化学热处理是通过同时改变工件表层组织和化学成分来改变其性能的一种工艺操作方法。

③ 时效处理。

时效处理是指零部件不加热，在室温或自然条件下长时间存放或加热到较低温度进行长时间保温，再缓慢冷却至室温，从而使其性能、形状和尺寸趋于稳定的一种工艺操作方法。

4. 金属材料的分类、牌号及用途

汽车常用的金属材料可分为黑色金属材料和有色金属材料两类。

（1）黑色金属材料。

铸铁——含碳量大于 2.06%，并含有少量硅、锰、磷、硫等杂质的铁碳合金。含碳量比钢高。铸铁由铸造生铁熔炼而成，造价低，有良好的可铸性、耐磨性、切削性和消震性，可用于气缸体、气缸盖等。

钢——生铁冶炼而成的铁碳合金，含碳量在 2% 以下。

① 车身结构中钢板材料分为热轧钢板和冷轧钢板。热轧钢板和冷轧钢板的特点与应用见表 2-1。

表 2-1　热轧钢板和冷轧钢板的特点与应用

名称	特点	应用
热轧钢板	在 800℃以上的高温下轧制，厚度为 1.6～8 mm。钢板表面会覆上一层氧化膜，必要时可使用酸洗或喷丸处理来去除氧化膜	• 车架； • 车辆车身内部钢板； • 底盘零件； • 底盘大梁； • 建材（H 槽或 L 槽）
冷轧钢板	由热轧钢板经过酸洗后冷轧变薄形成，并经过退火处理。由于冷轧钢板是在较低的温度下轧制的，所以它的厚度、精度高，表面质量好且非常平滑，厚度为 0.4～1.4 mm，并且有良好的可压缩性，因此大多数整体式车身都采用冷轧钢板制成	• 大多数汽车的车身组件

② 车身钢板按照其加入成分分为低碳钢板、高强度钢板、特殊钢板等。

车身钢板的分类、特点及应用见表 2-2。

表 2-2　车身钢板的分类、特点及应用

分类		特点	应用
低碳钢板	低碳钢	其碳的质量分数约为 0.021 8%~0.25%，这类钢材强度低、塑性好，所以便于加工，可以很安全地进行焊接、热收缩和冷加工，焊接性好	一般用于制作汽车车身覆盖件
	中碳钢	其碳的质量分数约为 0.25%~0.60%，这类钢材强度较高、韧性较好，受热处理影响较大	常用于轴及齿轮等零部件
	高碳钢	其碳的质量分数约为 0.60%~2.21%，常用于刃具及磨具，经淬火后硬度很高，但脆性很大	常用于车架
高强度钢板	低合金高强度钢板	高强度钢泛指强度高于低碳钢的各种类型的钢材，一般强度为 200 MPa 以上。 相同的强度，低合成高强度钢板的厚度比一般钢板薄，因此近来的汽车车身上普遍使用低合成高强度钢板，以降低车辆重量	用来制造前/后梁、车门槛板、保险杠面板、保险杠加强筋和车门立柱等
	高抗拉强度钢（又称 Si-Mn 固溶体淬火钢）	增加了硅、锰和碳的含量，使抗拉强度得到提高。常规的加热和焊接方法不会明显降低这种钢的强度，它的屈服强度可达 350 MPa、抗拉强度可超过 450 MPa。 一般的焊接方法（包括氧乙炔焊）都可用于修理这类构件，温度限制在 600℃ 以内，气体保护焊使用 AWS-E-70S-6 的焊丝	制造与悬架装置有关的构件和车身等
	超高强度钢	超高强度钢（UHSS）主要有高塑性钢、双相钢、多相钢、硼钢和铁素体-贝氏体钢等	车门护梁、前/后保险杠、加强筋等部位
特殊钢板	防锈钢板	防锈钢板主要有镀锌钢板、镀锡钢板、镀铝钢板。 镀锌钢板对碱性环境的防腐蚀性能要好于酸性环境，一般用于车身钢板；而镀铝钢板对酸性环境的防腐蚀性能要好于碱性环境，一般用于排气管护板，镀锡钢板则用于燃油箱	大部分车身钢板、车门、发动机罩盖、燃油箱、排气管护板等
	不锈钢板	不锈钢板是一种铬、镍合金碳钢，碳钢的含铬量大约为 12%	主要用于一些豪华车的外装饰部件
	夹层制振钢板	夹层制振钢板在其表面或中间覆有塑胶，有很好的吸收振动的效果	主要用于下隔板或后舱隔板

（2）有色金属材料。

有色金属材料有很多，如铜、铝、镍、铝等。

① 镍是一种具有良好的磁性、可塑性和耐腐蚀性的银白色金属，其特点是硬且具备延展性，是具有铁磁性的金属，能够高度磨光和抗腐蚀。

镍的用途：用于电镀工业，镀镍的物品美观、干净，不易锈蚀；镍大量用于制造合金，可以提高机械强度；镍具有磁性，能被磁铁吸引，可以用来制造电磁起重机；镍中含有盐，氧化后可以用来制造铁镍碱性蓄电池。

② 锰是一种灰白色、硬脆、有光泽的过渡金属。纯净的金属锰硬度略低于铁；含少量杂质的金属锰，其硬度和脆性较大，在潮湿处易氧化。

锰的用途：锰在钢中的用途非常广泛，是金属材料中主要的合金元素之一，在钢铁中通常以固溶体及化合态的形式存在，如 MnS、Mn3C、MnSi 等，在生铁中主要以 MnS 状态存在，因此在钢铁生产中常用于脱氧除硫，能降低钢中硫引起的热脆性，从而提高钢铁铁素体的强度和硬度。在铜合金和铝合金等有色金属中，少量锰的存在能提高其加工性和耐磨耐腐蚀性；钒是钢中很重要的合金元素之一，能使钢具有特殊的机械性能，提高钢的抗拉强度和屈服点，尤其能提高钢的高温强度，从而提高钢制工具的使用寿命。钒和硫、氮、氧一样，都具有强的亲和力，在炼钢时，可作为细化晶粒的脱氧剂。

③ 铜是一种呈紫红色光泽的金属，质地稍硬，耐磨损，有较好的韧性、延展性、导热性、导电性和耐腐蚀性。铜及其合金在干燥的空气中很稳定，但在潮湿的空气中其表面会生成一层绿色的碱式碳酸铜 $Cu_2(OH)_2CO_2$，俗称铜绿。

铜按主要成分可分为黄铜、白铜、青铜、紫铜等。

● 黄铜——铜与锌的合金，以锌为主要合金元素的铜合金称为黄铜。黄铜用"H"表示，如 H80、H70、H68 等。

● 青铜——铜与除锌、镍以外的元素形成的合金，主要有锡青铜、铝青铜和特殊青铜等，青铜用"Q"表示。

● 白铜——铜钴镍合金。白铜用"B"表示，如 B0.6、B19、B25、B30 等。

● 紫铜——纯净的铜是紫红色的金属，往往称为"紫铜"，但紫铜并不一定是纯铜，有时也指加入少量脱氧元素或其他元素的铜，紫铜用"T"表示。按成分可分为普通紫铜（T1、T2、T3、T4）、无氧铜（TU1、TU2 和高纯、真空无氧铜）、脱氧铜（TUP、TUMn）、添加少量合金元素的特种铜（砷铜、碲铜、银铜）四类。

铜的用途：在电气、电子工业中应用最广、用量最大，占总消费量一半以上，主要用于各种电缆、导线、电机和变压器，开关及印制电路板的制造中；在机械和运输车辆制造中，用于制造工业阀门、配件、仪表、滑动轴承、模具、热交换器和泵等。

④ 铝是一种银白色金属，是如今最常用的金属材料之一，不仅质量轻，强度高，易加工，而且具有良好的延展性、导电性、导热性、耐热性和耐核辐射性。

铝的用途：铝在汽车上的使用最多，早期主要用于发动机缸体、散热器等零部件。很多车型的结构件和外部钣金件，也局部或整体使用铝板。铝合金的分类、特点及应用见表 2-3。

表 2-3 铝合金的分类、特点及应用

分类			特点	应用
铝合金系列	合金元素 典型合金型号	热处理与否		
1000	纯铝	非热处理型	纯度为 99% 以上的铝材质材料，导电性佳但强度弱	用于家庭用品、电气器具等
2000	铝-铜 Al-Cu	热处理型	一般称为杜拉铝，此种合金强度像钢一样，但焊接性较差。此热处理合金的强度大于或等于软钢	用于飞机的机身

续表

分类			特点	应用
铝合金系列	合金元素 典型合金型号	热处理与否		
3000	铝-锰 Al-Mn	非热处理型	当保有其纯铝特性时，强度稍低	此种合金可改善纯铝的强度，用于建材和烹饪用的平锅、壶等
4000	铝-硅 Al-Si	非热处理型	此种合金因为加入硅，所以抗磨损性佳；还因为加入铜、锰或镍，所以耐热性佳	用于锻造气缸活塞所使用的材料
5000	铝-镁 Al-Mg	非热处理型	在所有非热处理铝合金中，此种合金强度最强，且焊接性及耐腐蚀性都很好	用于建材、船舶和汽车熔接结构
6000	铝-镁-硅 Al-Mg-Si	热处理型	此种合金强度强、耐腐蚀性佳且具有良好的加工性和抗压性	用于建筑材料中的窗框与汽车外部板件，如 E60 的铝大梁
7000	铝-锌-镁 Al-Zn-Mg	热处理型	此热处理合金是强度最强的铝合金	用于汽车和机车的车架和保险杠、加强梁

有色金属材料的特点：具有良好的导电性、导热性、耐腐蚀性，极好的塑性和韧性。

常见的铝合金在汽车上的应用包括气缸垫、轴承垫片和其他冲压、密封件等。

2.3.1.2 非金属材料

在汽车制造、维修过程中，常用的非金属材料种类繁多，有塑料、石棉、橡胶、纸类、软木类、人造革、玻璃类及复合材料等，主要用于做各种垫料、填料、绝热材料等。

1. 塑料

塑料用于汽车的许多部件，从汽车的内外部件到发动机、底盘等都有使用塑料材料。最初的主要目的是实现汽车内饰的柔软化，使乘客有安全舒适感。

（1）塑料的特点。

塑料具有强度高、质量轻等优点。越来越多的汽车车身材料被塑料替代，这样既可以使汽车轻量化，又可以提高汽车的防腐蚀、减振动、抗冲击、降噪声等性能。

（2）塑料的种类及其应用。

塑料的种类很多，按照其热性能的不同可分为热固性塑料和热塑性塑料两大类。

热固性塑料的特点是在一定的温度下，经过一定时间的加热或加入固化剂后即固化成型。固化后的塑料，质地坚硬，而且不溶于任何溶剂，也不能使用加热的方法使其再次软化。加热温度过高就会分解。常见的热固性塑料有胶木、电玉、装饰板及不饱和聚酯塑料等。

热塑性塑料的特点是受热软化，冷却变硬，加工过程中一般只有物理变化而保持其化学本性。常见的热塑性塑料有硝酸纤维塑料、醋酸纤维塑料、聚乙烯塑料、聚丙烯塑料、聚苯乙烯塑料、聚氯乙烯塑料等，如常见的矿泉水瓶、塑料袋等。

2．橡胶

橡胶是一种高分子材料，汽车上有许多零部件是用橡胶制造的，如轮胎、车门密封条、风扇传动带等。

3．汽车玻璃

汽车玻璃是构成汽车外形的重要材料之一，它具有透明、隔音和保温的特点。汽车专用玻璃根据用途和加工工艺，主要分为以下 5 种类型。

（1）普通平板玻璃。

普通平板玻璃是由石英、纯碱、石灰等原料组成的，其缺点是易碎，即强度差，一旦发生交通事故，撞碎的玻璃片呈尖棱状，容易造成人员受伤。因此，为了安全考虑汽车中很少用到平板玻璃。

（2）钢化玻璃。

钢化玻璃是将普通玻璃加热到一定程度后急剧冷却，从而使其具有预应力的高强度玻璃。其特点是强度高，具有耐热、耐寒性能，坚固结实，能够承受较猛烈的撞击，且撞击后的玻璃碎片呈蜂窝状，没有尖锐的棱角，不易伤人。钢化玻璃在高低温环境下都可以长期使用，不会改变其冲击强度和弯曲强度等特点。

（3）区域钢化玻璃。

区域钢化玻璃采用特殊的热处理方法，可以控制玻璃碎片的大小、形状和分布。区域钢化玻璃一旦损坏，有的部分碎片大，有的部分碎片小，既能保证乘员的安全，又能为驾驶员提供一个不妨碍驾驶的视区，使驾驶员拥有"二次可视性"，进一步提高了安全性。

（4）夹层玻璃。

夹层玻璃又称高抗穿透性夹层玻璃，通常有三层。夹层玻璃的膜常采用性能较好的聚乙烯醇丁醛（PVB）或聚甲基丙烯酸酯制成。夹层玻璃的强度高、韧性大，而且抗碰撞能力强、安全性高、透明度高。

（5）特殊功能的玻璃。

特殊功能的玻璃一般是在钢化玻璃的基础上通过专门的工艺加工出来的。为使车窗玻璃具有遮挡阳光照射的功能，在硅酸盐玻璃中加入微量的 Co（钴——蓝色）、Fe（铁——红褐色）或其他金属元素，便成了能够抵抗紫外线照射的着色玻璃。有些着色玻璃还能随阳光的强弱自动变化色度，从而减少乘员眼睛的疲劳程度，增加乘坐的舒适性。

4．复合材料

复合材料是由两种或两种以上物理和化学性质不同的物质组合而成的材料，其结构为多相，一类组成相为基体，起黏结作用；另一类组成相为增强相，用以增强材料的力学性能和提高材料的强度、刚度等。

车身复合材料分为金属复合材料和非金属复合材料，除了高强度钢、铝合金、镁合金等金属，目前在车身上广泛应用的新材料以非金属复合材料为主。

汽车上主要使用玻璃纤维增强塑料（GFRP），但碳纤维增强复合材料（CFRP）近年来也越来越多地被应用于汽车上，主要用于要求耐热性、耐磨性的部位，如发动机舱内的零部件、车身外板和车顶、挡泥板、发动机舱盖等。

2.3.1.3　工作页

1．汽车常用金属的材料可分为_____和_____两大类。

2．非金属材料主要有_____、_____、_____、_____等。

3．金属材料的主要工艺性能有_____、_____、_____、_____、_____、_____等。

4．金属材料的热处理类型、方法及目的。

热处理类型	方法	目的
退火		
正火		
淬火		
回火		
调质处理		
表面热处理		

5．铝合金车身材料的特点有哪些？

_____

2.3.2　认知车身结构

2.3.2.1　汽车车身结构与类型

汽车车身是用来运送乘客和货物并保护其免受尘土、雨雪、振动、噪声等侵袭的具有特定形状的结构，对于行驶安全、乘坐舒适、运输效率等均有很大影响。

1．按照用途分类

（1）客车车身：

① 轿车车身：4门车身、2门车身、双座车身、活顶车身、客货两用车身等。

② 大客车车身：城市公共汽车车身、长途客车车身、旅游客车车身等。

（2）货车车身：包括驾驶室和货箱两部分，货箱可以分为传统式货箱、封闭式货箱、自卸式货箱、专用车货箱及特种车货箱等。

2. 按照车身壳体的结构类型分类

（1）车架式车身：如图2-4所示，具有完整的骨架（或构架），由主车身和车架组成。

图2-4　车架式车身

车架的类型可分为梯形车架、X形车架和框式车架。

① 梯形车架：由两个纵梁与一些横梁相连接，强度好，舒适性差。

② X形车架：如图2-5所示，X形车架的中间窄，刚性好，能较好地承受扭曲变形，侧面保护性不强。

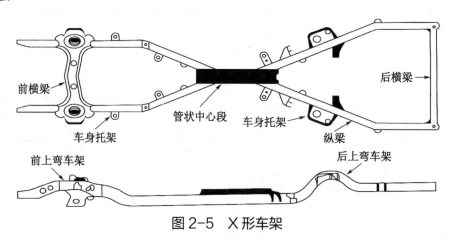

图2-5　X形车架

③ 框式车架：如图2-6所示，框式车架在受到侧向冲击时安全性高，前车轮后面和后车轮前面的区域分段形成扭力箱结构，在正面碰撞中可吸收大部分的能量，前后的上弯车架在碰撞中吸收冲击振动。

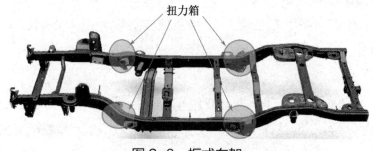

图2-6　框式车架

车架式车身的结构特点：车架式车身由车架及围接在其周围的可分解的部件组成，车身的前部和后部具有上弯的结构，碰撞时会变形，但可保持车架中部结构的完整，如图 2-7 所示，圈出的部位为车架式车身上较柔和的部位，主要用来缓冲碰撞带来的冲击。车身与车架之间有橡胶垫间隔，橡胶垫能减缓从车架传至车身上的振动。遇有强烈振动时，橡胶垫上的螺栓可能会折弯，并导致车架与车身之间出现裂缝。碰撞时由于振动的大小和方向不同，车架可能遭受损伤，而车身可能没有损伤。这是因为车架的中部较宽，可以抵挡从侧面的碰撞冲击，从而保护乘客的安全。

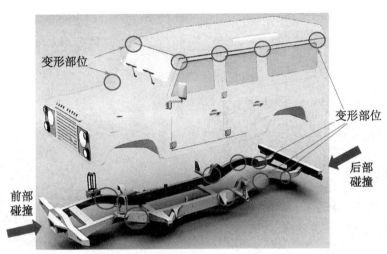

图 2-7　车架式车身上较柔和的部位

（2）整体式车身：如图 2-8 所示，没有骨架，而是利用各种蒙皮板连接时所形成的加强筋来代替骨架。

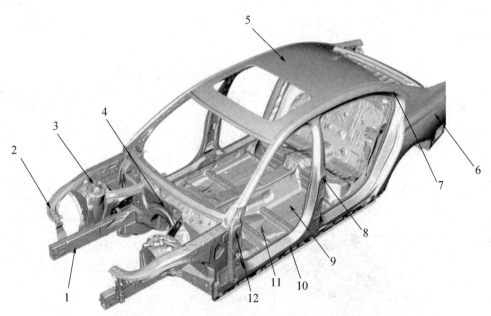

1—前纵梁；2—前端总成支承板；3—减振器支座；4—前隔板；5—车顶板；6—左后翼子板；

7—C柱；8—B柱；9—后地板；10—门槛板；11—前地板；12—A柱

图 2-8　整体式车身

整体式车身的特点：主要部件是焊接在一起的，车身易于形成紧密的结构，有助于在碰撞时保护车内乘员；没有独立车架；整体式车身内部的空间更大，汽车可以小型化；结构紧凑，质量轻；整体式车身刚性较大，有助于向整个车身传递和分散冲击能量。

为控制二次损伤变形，汽车在前部和后部设计了防撞吸能区，前部的前保险杠支撑、前纵梁、挡泥板、发动机罩盖等部位，后部的后保险杠支撑、后纵梁、挡泥板、后备箱盖等部位，都设计了波纹或结构强度上的局部变化，如图2-9所示。当受到撞击时，它们就会按照预定的形式折曲，这样碰撞振动波在传送过程中就被大大减小直至消散。中部车身的刚性较大，可以把前部或后部防撞吸能区因不能完全吸收而传过来的能量传递到车身的后部或前部，引起远离碰撞点部件的变形，从而保证中部乘客室的结构完整及安全。这是现代汽车安全性设计的一个重要特点。

图2-9　整体式车身前纵梁波纹结构

整体式车身的损坏修复要比车架式车身的损坏修复更为复杂，修复前要做彻底的损坏分析。车身一旦损坏变形，则需要采用特殊的（不会导致进一步损坏）程序来恢复原来的形状。

3. 按照车身的受力情况分类

车身受力情况及其结构特点与应用见表2-4。

表2-4　车身受力情况及其结构特点与应用

序号	名称	图示	结构特点	应用
1	非承载式车身	车身壳体　车架	使用弹性元件与车架相连，车身不承受汽车载荷	货车

序号	名称	图示	结构特点	应用
2	半承载式车身		车身与车架刚性连接，车身承受汽车的一部分载荷	大客车、厢式货车
3	承载式车身		全部载荷均由车身承受，底盘各个部件可以直接与车身相连，取消了车架。承载式车身具有更轻的质量、更大的刚度和更低的高度	轿车

2.3.2.2 轿车车身零部件

车身修理人员除了要修理车身结构件和覆盖件，还要承担汽车装饰件的修理。有的装饰件和嵌条可以用黏结带黏结，有的装饰件可以用各种金属或塑料紧固件使其连接。

车身修理人员要熟悉现代车身结构上的各种零件、部件、组件的专门名称。如果一名车身修理人员不知道所要修理、校正、更换和涂装的零件的正确专业用语，则会在定购零件和阅读修理规程时遇到很大困难。

车身结构可分成若干个称为组件的小单元，它们本身又可以分成更小的单元，称作部件或零件。例如，车身前部包括的组件或部件，如图 2-10 所示；车身侧框架和车顶包括的组件或部件，如图 2-11 所示；车身底部包括的组件或部件，如图 2-12 所示。

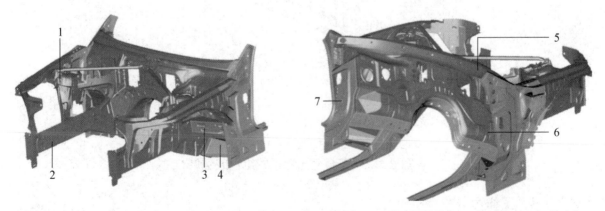

1—弹簧支座；2—发动机支架；3—前隔板支撑架；4—外部连接件；5—前隔板横梁；6—前隔板；7—A 柱内部

图 2-10 车身前部包括的组件或部件

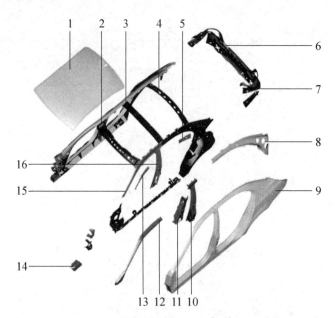

1—车顶面板；2—上部风挡框板；3—车顶弓形架；4—后窗框；5—C柱加强件支架；6—尾部饰板；7—C柱尾部饰板拉带；

8—C柱加强件；9—侧车架；10—B柱上部加强件；11—B柱下部加强件；12—A柱上部加强件

13—A柱加强件支架；14—车门槛加长件；15—前部内侧侧框架；16—B柱内侧

图2-11　车身侧框架和车顶包括的组件或部件

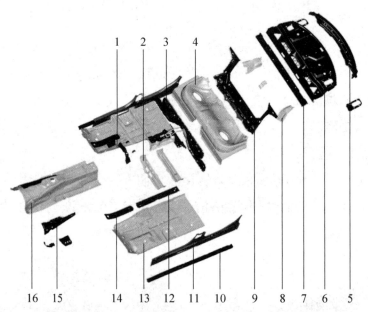

1—转向柱支撑托架；2—前部座椅横梁；3—后部地板横梁；4—后部地板；5—下部后窗框；6—后备箱上部隔板；

7—后备箱隔板横梁；8—左后地板；9—通入式装载系统框架侧面；10—侧框架外侧盖板；11—前部侧纵梁；

12—发动机支架后部加长件；13—前部地板；14—发动机支架上部部件；

15—变速箱传动轴盖板的连接板；16—变速箱传动轴盖板

图2-12　车身底部包括的组件或部件

2.3.2.3　工作页

1. 车身按照受力情况可分为_____、_____和_____。

2. 车身按照壳体的结构类型可分为_____和_____。

3. 车架的类型有_____、_____和_____。

4. 区别：车架式车身和整体式车身。

内容	车架式车身	整体式车身
结构		
特点		
应用		

5. 识别车身部件：写出下图中标号位置各个部件的名称。

部件名称	整体式车身
1._____； 2._____； 3._____； 4._____； 5._____； 6._____； 7._____； 8._____； 9._____； 10._____	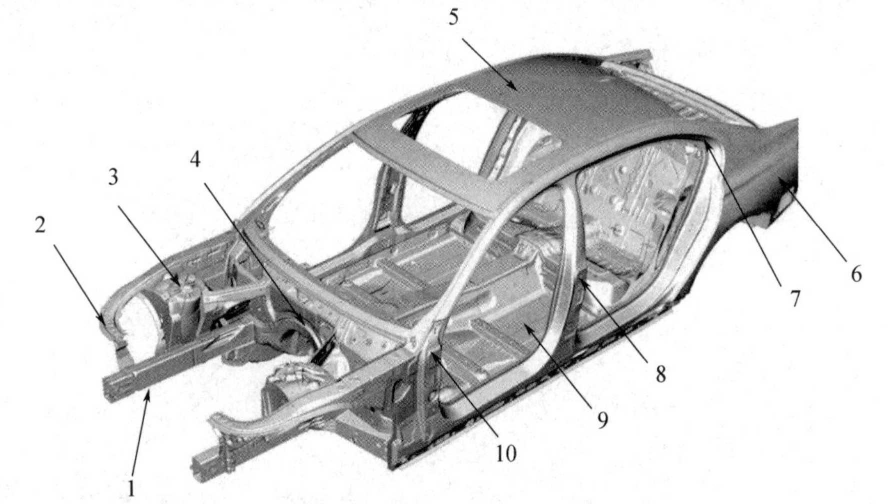

2.3.3　分析车身碰撞损伤

2.3.3.1　识别事故车

事故车是指由于非自然损耗的事故，造成车辆损伤，导致机械性能、经济价值下降的车辆。"事故车"一般是指存在结构性损伤的车辆，如图 2-13 所示。

图 2-13　事故车

1．事故车的判别方法

事故车通常的识别方法有外观鉴别、车灯鉴别、查保险、看内饰等。如符合以下任何一条，即属于事故车。

（1）经过撞击，损伤到发动机舱和驾驶室的车辆。

（2）车身后翼子板撞击损伤超过其 1/3 的车辆。

（3）纵梁有焊接、切割、整形、变形情况的车辆。

（4）减振器支座有焊接、切割、整形、变形情况的车辆。

（5）A、B、C 柱有焊接、切割、整形、变形情况的车辆。

（6）因撞击造成汽车安全气囊弹出的车辆。

（7）其他不可拆卸部分有严重的焊接、切割、整形、变形情况的车辆。

（8）车身经水浸泡超过车身 1/2，或积水进入驾驶室的车辆。

（9）车身经火焚烧超过 0.5 m^2，经修复仍存在安全隐患的车辆。

2．事故车的损伤程度分类（如图 2-14 所示）

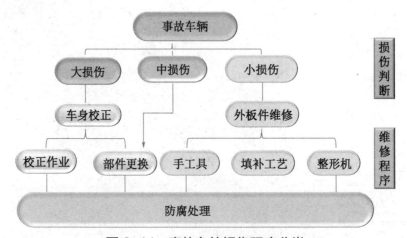

图 2-14　事故车的损伤程度分类

（1）小损伤：未伤及车身结构件，损坏的部件可以维修或者单独拆装更换，而不需要切割与焊接。

（2）中损伤：未伤及车身结构件，无须校正结构，只需要切割更换损伤的外部板件。

（3）大损伤：伤及车身结构件，需要上架校正测量作业，以恢复原车数据尺寸并更换损伤的结构件或外部板件。

2.3.3.2 汽车碰撞诊断的基本步骤

汽车碰撞诊断的基本步骤如下。

（1）了解受损汽车车身构造的类型。

（2）目测确定碰撞的位置。

（3）目测确定碰撞的方向及碰撞力的大小，并检查可能有的损伤。

（4）确定损伤是否限制在车身范围内，是否还包含功能部件或元件的损伤（如车轮、悬架等）。

（5）沿着碰撞能量传递路线一处一处地检查部件的损伤，直到没有任何损伤痕迹的位置。例如，通过检查车身外部板件的配合间隙来确定支柱是否损伤，如图 2-15 所示。

图 2-15 检查车身外部板件的配合间隙

（6）测量汽车的主要元件。对于小的碰撞，可以通过比较车身尺寸图表上的标定尺寸和汽车上的实际尺寸来检查，简单的测量检查可以使用轨道式量规、定心量规来比较车身上的尺寸。对于比较复杂的车身损坏，除了使用定心量规等测量工具，还需要使用三维测量系统检查悬架和整个车身的损伤情况。

2.3.3.3 评估车身损伤的方法

1. 目测法评估车身损伤情况

通常情况下，在碰撞部位能够观察出结构件的损伤痕迹，用肉眼观察并进行整体评估，从碰撞的位置沿着碰撞力扩散的路径，按顺序依次进行检查，并确认出变形情况。在检查过程中，应特别注意观察板件连接点有没有错位断裂，加固材料上有没有裂纹，各板件的连接焊点有没有变形，漆面层、内涂层即保护层有没有裂缝和剥落，以及零部件的棱角和边缘有没有异样等。

另外，还需特别注意的是，同样的碰撞力，若碰撞点部件的刚性不同，则碰撞后的损伤情况也不一样。当碰撞点部件的刚性较小时，碰撞点附近的损伤迹象比较显著；相反，碰撞点部件的刚性较大时，其损伤迹象会比较小，但是碰撞能量却能穿过碰撞点传递到车身内部很深的部位。

2. 利用测量工具检查车身部件的配合间隙

车身上的车门、翼子板、发动机罩盖、后备箱盖、车灯之间的配合间隙都有一定的尺寸要求，通过观察和测量它们之间间隙的变化可以判断出发生了哪些变形。

2.3.3.4 汽车损伤评估时的注意事项

在对汽车进行损伤评估之前，应注意以下安全事项。

（1）首先查看汽车上是否有破碎玻璃棱边和锯齿状金属，若有，应先将之去除；无法去除时，要在锯齿状金属的刃口贴上纸胶带。

（2）检查变速器或润滑油等是否有泄露情况，如有则必须清洁干净。

（3）进行切割和焊接前，必须将储气罐移开，防止储气罐漏气引起爆炸。焊接前要断开车载电脑连接，防止焊接大电流损坏电脑。

（4）拆装电气系统前，首先要卸下蓄电池负极电缆，切断电路，以避免易燃气体突然被点燃，从而起到保护电气系统的作用。

（5）进行碰撞诊断要确保照明条件良好。对于功能件或机械部件损伤，需要举升车辆进行详细检查。

（6）在车间进行诊断修复时，还应注意相关的安全规范。

2.3.3.5 碰撞对车身损伤的影响

车身碰撞会造成板件或者车身结构件的损伤，轻微的会影响汽车的美观程度或引起锈蚀，造成结构件的强度下降，使用寿命缩短；严重的将影响整部车辆的使用性能甚至报废。作为钣金维修工，对车身的损伤进行正确且全面的判断是保证维修质量的基础。

车辆的损伤程度跟汽车被撞时撞击力的大小、方向、位置及受损程度和事故发生时的实际状况有关。因此，在分析车辆损伤程度时主要分析以下几个方面：被撞击汽车的尺寸、构造、车速、行驶方向，撞击车的车速、质量、行驶方向，被撞击的方向和位置，碰撞时汽车上的乘客人数及他们分布的位置。总之，车辆发生事故的情况多种多样，车身损伤程度也千差万别。车身结构不同的车辆在同类事故中受到的损伤也可能大不相同，具体如下。

（1）车辆剐蹭损伤。

由于碰撞发生前，驾驶员都会有条件反射，所以撞伤大都有规律可循。当驾驶员驾驶车辆绕离危险区时，汽车的边缘会被刮伤。

（2）车辆撞击不同障碍物后的损伤。

质量、车速相同的汽车与不同对象发生碰撞时，其车辆损伤程度有较大的差异。例如，车身撞在圆柱上和墙壁上的结果完全不同，其受损面积和形状会有较大区别。

（3）车辆与障碍物高低点不同位置撞击后的损伤。

当碰撞点在汽车前部较高位置时，会造成车身和车顶后移及后部下沉；当撞击点在汽车前部较低位置时，会造成车身后部向上变形，车顶上移，使前车门上方与车顶间产生较大的缝隙。

（4）车辆在不同方向行驶时碰撞后的损伤。

当两辆汽车从不同方向行驶发生撞击后，两辆车的碰撞部位不同，损伤程度也不同。

（5）车辆受到不同方向撞击力时的损伤。

当车辆发生碰撞时，同样的撞击力是否通过汽车质心，会造成不同的损伤情况。若碰撞力不通过质心，则冲击力将形成使汽车绕着质心旋转的力矩，可以减少冲击力对汽车零部件造成的损伤；若碰撞力通过质心，则汽车就不会旋转，大部分能量将被汽车零部件吸收，会造成车辆严重损伤。

2.3.3.6 不同车身碰撞后的损伤分析

1. 整体式车身碰撞损伤情况

（1）碰撞对整体式车身的影响。

整体式车身其结构设计中有吸能区，当车辆发生碰撞时，其车身结构从撞击点依次吸收撞击能量而产生变形，减少碰撞能量对驾驶室的破坏，从而保护驾驶人员。

（2）整体式车身碰撞损伤的类型。

整体式车身碰撞损伤的类型分析见表 2-5。

表 2-5　整体式车身碰撞损伤的类型分析

碰撞变形顺序	损伤类型	图示	判断方法
1	弯曲变形		在碰撞的瞬间，由于汽车结构具有弹性，使碰撞能量传递到较远区域，从而引起中央结构上横向及垂直方向的弯曲变形。左右弯曲变形可以通过测量宽度或者对角线是否超出配合公差来判断，上下弯曲变形可以通过测量车身部件的高度是否超出配合公差来判别。这一弯曲变形方式和车架式车身结构的弯曲相似，可能仅发生在汽车的一侧
2	断裂变形		在汽车碰撞过程中，碰撞点会产生显著的挤压，碰撞的能量被车身吸能区部件折曲变形吸收，从而保护驾驶室。远离碰撞点的部件则可能会皱折、松动或者断裂。测量车身部件的长度是否超出配合公差来判断是否为断裂变形
3	增宽变形		增宽变形可通过测量车身高度和宽度是否超出配合公差来判断。对于性能良好的整体式车身来说，碰撞力会使侧面结构偏向外侧弯曲，偏离乘员，同时纵梁和车门的缝隙发生变化
4	扭转变形		扭转变形可以通过测量其高度是否超出配合公差来判断。由于扭转变形是碰撞的最后结果，即使最初的碰撞直接作用在中心点上，但是再次的冲击还是能够产生扭转力矩，引起汽车结构的扭转变形

注意：整体式车身与车架式车身的碰撞变形相似，但是整体式车身的损坏要复杂很多。二者的车身修理步骤一样，均采用最佳的修复方法，即"后进先出"法，先校正最后发生的损伤。

2．车架式车身碰撞损伤情况

（1）碰撞对车架式车身的影响。

碰撞时由于振动的大小和方向不同，车架可能遭受损伤，而车身可能没有损伤。这是因为车架的中部较宽，可以抵挡侧面的碰撞冲击，来保护乘客的安全。车架是否变形，可通过比较车门槛板与车架前后之间的空间尺寸，比较前翼板与轮罩前后之间的空间尺寸，以及比较前保险杠上的后孔到前车架钢梁总成之间左右尺寸的大小来确定。

（2）车架式车身碰撞损伤的类型。

车架式车身碰撞损伤的类型分析见表2-6。

表2-6　车架式车身碰撞损伤的类型分析

损伤类型	图示	判断方法
左右弯曲变形		当车辆受到一侧的碰撞冲击时，经常会引起车架左右弯曲或者一侧弯曲。通过观察车门长边有无裂缝和短边是否有皱折，以及车身和车顶板的错位等情况都能够辨别是否发生了左右弯曲变形
上下弯曲变形		当车辆被撞后，若车身外壳表面比正常值位置低，结构上也有后倾现象，则这种变形即为上下弯曲变形。通常当汽车的前部或后部发生直接碰撞时，会造成汽车一侧或两侧发生上下弯曲变形。可以通过观察翼子板和车门之间的间隙变化，或者用观察车门是否下垂的方法判别车架是否发生了上下弯曲变形
断裂变形		当车辆发生碰撞后，若观察到发动机罩盖前移或后窗后移；车身上某些部件或车架元件的尺寸小于标准尺寸；发动机罩盖、翼子板或车架纵梁有皱折变形，轮罩上部的车架抬高等，这些都表明车身发生了断裂变形
菱形变形		当车辆的一角或偏心点受到来自前方或后方的撞击时，车辆的一侧向前或向后移动，引发车架或车身歪斜，使车架歪斜近似平行四边形的状态，这种变形称为菱形变形。菱形变形会使整个车架变形，可以通过观察发现发动机罩盖和后备箱盖发生错位，在接近后车轮罩的相互垂直的钢板上或在垂直钢板接头的顶部可能出现皱折。另外，在乘客室及后备箱地板上也可能出现皱折和弯曲。通常在发生菱形变形的同时会附加许多断裂及弯曲的组合损伤

损伤类型	图示	判断方法
扭转变形	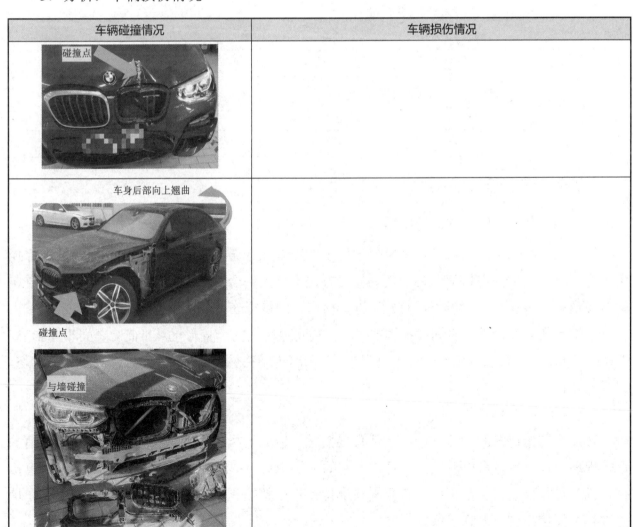 扭转变形	当汽车在行驶过程中某一角发生碰撞造成车辆翻滚时，就可能发生扭转变形。发生扭转变形后，汽车的一角会比正常情况高，而相反的一角会比正常情况低，就需要对汽车进行扭转变形检查

2.3.3.7 工作页

1. 事故车是_____。

2. 事故车通常的识别方法有_____、_____、_____、_____等。

3. 根据损伤程度将事故车的损伤分为_____、_____、_____。

4. 分析车辆损伤程度时主要分析以下几个方面：_____
_____，碰撞时汽车上_____。

5. 分析：车辆损伤情况

车辆碰撞情况	车辆损伤情况
碰撞点	
车身后部向上翘曲 碰撞点 与墙碰撞	

车辆碰撞情况	车辆损伤情况
与柱碰撞	

6. 不同车身碰撞后的损伤分析。

车身类型	损伤类型			
车架式车身				
整体式车身				

7. 汽车碰撞诊断的基本步骤有哪些?

_____

_____

8. 如何通过目测法评估车身损伤情况?

_____

_____

2.3.4 维修车身外板

2.3.4.1 车身外部板件损伤类型

汽车钣金维修主要指对受损钣金件的修复加工。在钣金维修中首先要对受损部位进行损伤分析，然后根据损伤程度选择合适的修复方法。作为钣金工必须能够准确地认识受损金属的变形形态。金属板件的损伤一般分为直接损伤和间接损伤，如图 2-16 所示。

直接损伤和间接损伤之间存在因果关系，共同存在于同一变形区域，彼此之间相互影响，但是影响程度不同。如果在维修过程中不按照一定的顺序进行操作，往往会将板件越修越差，甚至导致报废。

1. 直接损伤

直接损伤指碰撞的物体与金属板件直接接触而造成的损坏。通常以断裂、擦伤或划痕的形式出现，通过目测可以看出，并且在所有的损伤中占 10%～15%。在维修中一般不对直接损伤部位进行修复，通常采用在直接损伤部位使用塑料填充剂（原子灰）的修复方法，在填充过程中间接损伤也得到了修复。

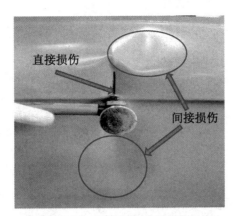

图 2-16　直接损伤和间接损伤

2．间接损伤

汽车碰撞不仅产生直接损伤，还会产生间接损伤，而间接损伤是由直接损伤引起的。由于受损部位的尺寸、材料、位置不同，所以使用的修理工具也有所不同。间接损伤呈现的形式有弯曲、压缩等。间接损伤又分为单纯铰折、凹陷铰折、凹陷卷曲、单纯卷曲，在车身板件损伤中卷曲较多。

（1）单纯铰折。

单纯铰折指金属板件沿着一条线均匀弯曲，其上部受拉而产生拉伸变形，下部受压而产生压缩变形，中部不发生变形。

（2）凹陷铰折。

凹陷铰折指箱形截面弯曲，中心线没有强度，所以顶部的金属板件向下产生凹陷，底部金属受到两边变形产生铰折，侧面产生折皱。

由于铰折部位存在很大的加工硬化，所以校正时应先对铰折部位进行加热消除应力，再将工件拉伸直到凹陷铰折消除。

（3）凹陷卷曲。

凹陷卷曲指金属板件的内部向外翻卷，其特征是使折损部分的长度增加。

（4）单纯卷曲。

单纯卷曲指发生凹陷卷曲时，在凹陷部位旁发生的折损，与凹陷卷曲形成一个箭头形状。

2.3.4.2　车身板件损伤区域的修复原则

通过了解车身板件上的不同损伤类型，车身维修人员应采用不同的修复方法。首先，应找到损伤方向，损伤方向与碰撞力方向完全相反。一般通过目测即可找出损伤方向，但是在金属板重叠的情况下，问题往往会变得复杂。

凹陷卷曲折损总是从最先发生接触的位置向外传播。当有 2～3 个部位出现这种折损时，它们都汇聚到的那一点即为最初的碰撞点。

在修理时，基本原则是最后损伤的要最先修复，最先损伤的要最后修复。板件修理的顺序如图 2-17 所示，在损坏部位距离直接损坏点最远的位置 1 先进行修理，然后修复距离直接损坏点

最远的位置 2，以此类推把损伤全部修理好，注意直接损伤部位 10 要用塑料填充剂修理。

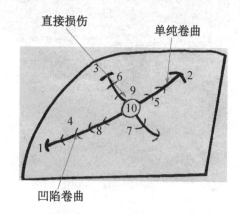

图 2-17 板件修理的顺序

2.3.4.3 车身受到不同方向撞击时车门的损伤情况

通过简单的开关门及观察门的开关准确程度来确定车门与车门支柱是否受到损伤。无论汽车的哪个部位发生碰撞，均会殃及车身其他部位。撞击点越近，损害就越重，轻者车门无法开启，重者可发生严重损坏变形。若直接遭到撞击，可能导致无法修复而报废。

1. 汽车前部发生碰撞事故，将直接造成车身前支柱损伤，导致车门下垂，如图 2-18 所示。另外，车门铰链在使用一段时间后，总是要趋于下垂（车身自重原因）。

图 2-18 前部碰撞使车门下垂

2. 汽车后部（保险杠处）发生碰撞事故，除发动机罩盖与前围及左右前翼子板可能变形较轻外，后部车门也会发生变形损伤，如图 2-19 所示。

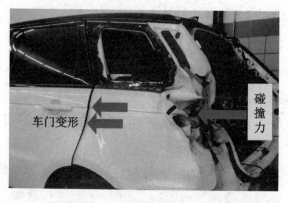

图 2-19 后部碰撞使车门变形

3．汽车中部发生侧向碰撞事故，必定会使车门造成较重的损伤，如凹陷、变形，或局部开裂现象。损伤严重无法修复时，只能更换新件。

2.3.4.4 认识车门的类型及结构

车门是车身重要的组成部分，对其结构上的要求是：车门外形必须与整车造型协调；车门要有足够的刚度，不易变形下沉，安全可靠，行车时车门不会自动打开；车门应具有足够的开度，保证乘员上下车方便；车门应开关灵活方便，玻璃升降器应轻便；车门应具有良好的密封性；车门应具有良好的制造工艺，易于冲压并便于附件的安装。

1．车门的类型

（1）旋转式车门：车门通过铰链与车身门柱连接，按照开启方式分为顺开式车门和逆开式车门。顺开式车门的铰链安装在门框前支柱上，逆开式车门的铰链安装在门框后支柱上。顺开式车门有顺行车辆气流自动关闭的趋势，便于驾驶员倒车时向后观察；逆开式车门便于乘员上下车。现代汽车的侧门广泛采用顺开式车门。

（2）折叠式车门：通常有四扇双开、双扇双开和双扇单开等形式，可减小车门启闭的旋转空间，被广泛运用于大、中型客车的乘客门，启闭动作普遍采用气动式门泵。

（3）推拉式车门：常见的推拉式车门为水平移动式，使用上、中、下三道滑轨控制其运动，在车身侧壁与外部障碍物距离较小时仍能全部开启，能够合理地利用有效空间，广泛运用于中、小型客车车身。

（4）上掀式车门：广泛运用于轿车、小客车、救护车等车辆的后门，也运用于低矮汽车的前门。

（5）外摆式车门：在开启时向外摆出，广泛运用于大、中型客车及旅游车的前门，一车一门便于驾驶员管理。

2．车门的结构

车门由车门壳体、车门附件和内饰板三部分组成。

（1）车门壳体。

汽车车身有直线与曲线两种流线形式，而汽车车门随车身的形式，也分为直线与曲线两种形式，各具不同的风格。

（2）车门附件。

车门附件主要包括车门锁总成、玻璃升降器、限位器、车门铰链、密封条、内饰板、后视镜等。如图 2-20 所示，一般轿车的车门与其他类型的汽车车门结构大致相似，即由内板与外板合成，内板局部有的与外皮贴合，并用电阻点焊焊牢。

3．车门的拆装与调整

当车辆发生碰撞后，维修时需要对该部位进行拆解估损，或对车门进行更换喷漆时会将车门及相关附件进行拆卸和安装。车门通常是以螺栓连接固定的，在进行修复或更换时需要进行正确调整，以保证周围附件的安装匹配正

视频
车门的拆装与调整

确，各项电子设备运行正常，各个附件连接处的缝隙均匀且美观。车门拆装与调整的操作步骤见表 2-7。

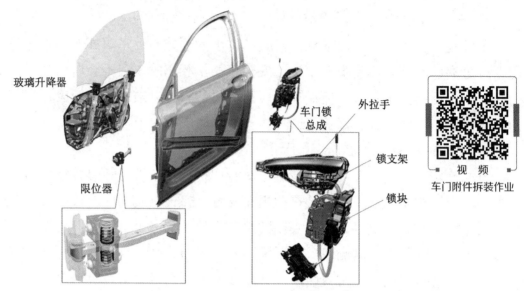

图 2-20　车门附件

表 2-7　车门拆装与调整的操作步骤

序号	步骤	作业内容	设备及工具	技术要点
一、车门损伤分析				
	判断车门损伤情况	说明：车门有较大凹陷时，需要更换	● 世达工具； ● 实训车	判断损伤范围、程度时，仔细检查受损板件与相邻板件之间的配合是否良好
二、拆卸车门				
1	准备	● 人身防护（口罩、手套）和车辆防护（内、外）； ● 根据车型的不同，需按照对应厂家维修手册上的步骤进行拆装	● 世达工具； ● 实训车； ● 防护用品； ● 维修手册	①查阅车辆维修手册； ②准确找出螺栓与卡扣的位置； ③判断相邻配件的装配方式

续表

序号	步骤	作业内容	设备及工具	技术要点
2	检查车门功能	检查车门功能，如玻璃一键升降、门锁、音响等功能是否正常； 说明：若升降机损坏，则应及时更换	● 实训车	车门功能检查完毕后，将蓄电池负极线拆除
3	拆卸附件	● 拆除车门反光镜、门把手、车门防撞条、玻璃外压条等； ● 判断车门内饰板的装配类型与螺栓、卡扣的位置； ● 拆卸螺栓并分类存放； ● 拆除相关线束插头，取下内饰板； 注意：拆卸时应注意避免划伤饰板	● 世达工具； ● 实训车； ● 塑料撬板； ● 维修手册	①严禁野蛮操作行为，在距离塑料卡扣的最近位置撬开卡扣，避免损坏内饰板和塑料卡扣； ②拆卸内饰板时应使用专用工具——塑料撬板
4	拆卸车门内部附件	● 根据维修手册上的拆装步骤拆卸车门玻璃； ● 拆卸升降器总成、玻璃绒槽、滑道、车门锁总成、车门音响、车门线束、车门密封胶条、倒车镜、玻璃外压条、车门外饰板（防撞条）、车门限位器、铰链等； 说明：若车门只重新喷漆，则只拆卸车门外拉手、倒车镜、玻璃外压条、车门外装饰件即可	● 世达工具； ● 实训车； ● 塑料撬板； ● 世达工具	①注意拆卸顺序并将螺栓、车门附件分类摆放； ②将玻璃固定好，再进行升降机拆卸作业； ③取出的玻璃应放置在带有防滑垫的工作台上
5	拆卸车门	将车门开到最大，以便操作铰链支座。用车门支撑架固定好车门，松开铰链和车门限位器，取下车门	● 世达工具； ● 实训车； ● 车门支撑架	按照维修手册要求的步骤拆卸
三、安装车门				
1	安装车门	● 按照与拆卸时相反的顺序进行安装； ● 再次确认（比对）车门与相邻部件的面差、缝隙均匀一致； ● 按照维修手册上的安装车门工艺流程，紧固车门螺栓	● 世达工具； ● 实训车； ● 车门支撑架	按照与拆卸时相反的顺序安装车门
2	调整车门	按照维修手册的要求调整好车门间隙后，将铰链螺栓固定好并施加规定扭矩	● 世达工具； ● 游标卡尺	①按照安装维修手册的要求调整好车门间隙； ②施加规定扭矩
3	安装车门附件	● 安装车门框装饰条（贴纸）； ● 其余附件按照与拆卸时相反的顺序进行安装	● 世达工具； ● 实训车； ● 车门支撑架	注意：安装玻璃外压条、车门外拉手、车门外饰板、倒车镜时应避免划伤漆面
4	测试车门内部电子元件	● 确保倒车镜运行状态正常（有些车辆需对倒车镜进行恢复并消除错误代码）； ● 确保玻璃升降顺畅，并恢复防夹手和一键升降功能	● 实训车	将车门相关线束连接好，确保门锁及中控开关状态正常

续表

序号	步骤	作业内容	设备及工具	技术要点
5	安装车门内饰板	紧固车门内饰板固定螺栓与卡扣	• 实训车； • 塑料撬板； • 世达工具	确保车门内饰板安装到位
6	检验	• 使用楔形塞尺或游标卡尺检测并调整车门配合间隙，达到维修手册技术要求； • 开关车门顺畅； • 使用样板规检查车门表面平整	• 游标卡尺； • 楔形塞尺； • 实训车； • 样板规	①谨慎测量，避免测量工具伤及车身漆面； ②将车门间隙调整至维修手册规定值； ③修复后的表面不得低于原始表面1 mm，并且不允许出现高点
7	"5S"管理	将工具、设备、实训车辆、场地清洁后摆放回原位	• 实训车； • 清洁工具； • 世达工具	工具、设备等擦拭干净，摆放回原位

2.3.4.5 车身外板修复工具

汽车车身修复作业中常对车身覆盖件的局部变形、凹陷和柱类零部件的弯曲进行修复，这是车身修复的主要工艺手段，也是操作人员的必备技能。不同的车身结构和部位需要使用不同的修复工具。

1. 手动工具

（1）钣金锤。

① 钣金锤的分类及应用。

钣金锤是一种用于凹凸板件敲打修复整形的手动工具。根据实际工作需要，采用不同的制作材料（如铜、钢、橡胶、木头等），并做成不同的形状，根据形状、材料、功能不同可以分为以下 7 种类型，钣金锤的分类及应用见表 2-8。

表 2-8　钣金锤的分类及应用

序号	名称	图示	应用
1	木锤		①多用于维修薄板； ②在维修没有刮痕的小变形时使用； ③在修正铝合金时使用
2	直面精整钣金锤		多用于平面的精修
3	收缩锤		用于修复已产生轻微拉伸变形的板面；在钢板校正、钢板面成形或正面冷收缩时使用

序号	名称	图示	应用
4	曲面精整钣金锤		用于修复有微小弧度的板面
5	鹤嘴精整钣金锤		用于精修微小的凹坑或凸起部位
6	重头工锤		用于粗修复，使板面大致成形
7	防震橡皮锤		用于敲击，安装调整未变形部位

② 钣金锤的使用方法。

钣金锤的握法如图 2-21 所示。

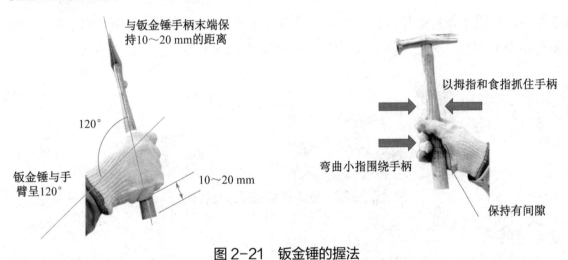

与钣金锤手柄末端保持10～20 mm的距离

120°

钣金锤与手臂呈120°

10～20 mm

以拇指和食指抓住手柄

弯曲小指围绕手柄

保持有间隙

图 2-21　钣金锤的握法

钣金锤的敲击方法如图 2-22 所示。校正金属的关键是知道应在什么部位、在什么时间、用多大的力敲打多少次。应以下面的两个手指为支点，当钣金锤从金属表面上弹回时，可以绕着支点做轻微的旋转。其他的手指（包括拇指）将钣金锤向下推，用手腕发力（非手臂发力），使其做环状运动，应垂直地敲打，并让钣金锤从金属表面弹回来。每两次敲击点的间距为 9～12 mm，直到损坏处得以修复。

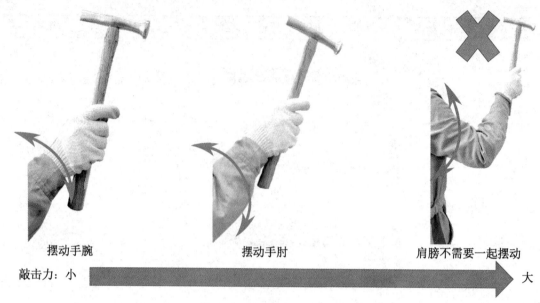

摆动手腕　　　　　　　　摆动手肘　　　　　　　　肩膀不需要一起摆动

敲击力：小　　　　　　　　　　　　　　　　　　　　　　　大

图 2-22　钣金锤的敲击方法

　　在使用钣金锤敲击金属板时，如图 2-23 所示，钣金锤的平面应与金属板的平面一致，否则会损坏金属板。钣金锤的工作面必须与金属板的形状相配合，具有平坦锤面的直面精整钣金锤，适用于平坦的或低隆起的金属表面；具有凸形工作面的钣金锤适用于敲打内侧弧形的金属面，其中重头工锤可用来进行大致的修整，但要保证敲击不能加重损坏的程度，而精整钣金锤比其他钣金锤轻，可用于最后的精整修复。精整修复时敲击的要领是快速轻敲，敲击时，精整钣金锤应和金属表面垂直，否则敲打金属表面时会出现月牙形痕迹，加重金属的变形。

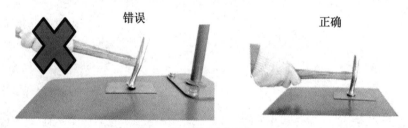

错误　　　　　　　　　　　　　　　　正确

图 2-23　使用钣金锤敲击金属板

　　注意事项：

　　● 在使用钣金锤时必须保证锤头与锤子之间的木柄连接牢固，若发现松动，应紧固后使用。

　　● 使用钣金锤前应检查锤面是否完好，破损的锤面会影响板件的修复质量。

　　● 在使用时应注意周围必须无人站立，以避免出现伤害。

　　（2）垫铁。

　　① 垫铁的分类及应用。

　　垫铁是钣金修复工作中与钣金锤相互配合使用，使板件成形的一种手动工具。垫铁由高强度的钢制成，用于粗加工和锤击加工中。可以用手握持垫铁置于被打击金属板的背面，当从板件正面用钣金锤敲击时，垫铁会产生一个反弹力。通过钣金锤和垫铁的配合工作使凸起的部位下降，使低凹的部位隆起。由于板件的结构和形状不同，为有效完成修理工作，需要采用不同形状的垫铁。每种形状的垫铁只适用于某些特定形状的板件。根据形状、功能的不同可分为以下 4 种类型，垫铁的分类及应用见表 2-9。

表 2-9 垫铁的分类及应用

序号	名称	图示	应用
1	墩型钣金垫铁（通用型）		墩型钣金垫铁的曲面种类丰富，适合车身板件的多种曲面，适用范围广。因为其体积小，便于手持，所以在狭窄的地方也容易使用
2	扁型钣金垫铁		此垫铁由不同的面、棱线、角组成，其适用范围很广，如修复车身外板平面、缓和曲面、车身线等部位
3	曲线型钣金垫铁		曲线型钣金垫铁包含了从强烈的曲面到柔和的曲面徐徐变化的面，其前尖端可以插入到狭小的地方使用
4	铲型钣金垫铁		铲型钣金垫铁可以深入到狭窄的、手不易伸入的板件背面，使板件恢复大致形状。也可当作撬棍

② 垫铁的握法。

垫铁和钣金锤一样，种类繁多，根据不同的用途来区分使用。使用垫铁时，最重要的是选择与板件曲率吻合的垫铁，选择错误则会浪费作业时间，甚至还有可能使板件受伤。另外，同一种垫铁也会因握持方法的变化而产生不同的作用，要对应各种板件形状而选择合适的垫铁面，垫铁的握法如图 2-24 所示。

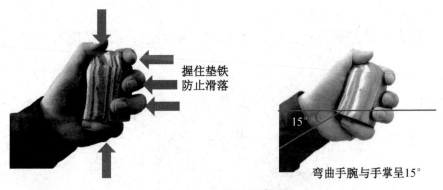

握住垫铁防止滑落

$15°$ 弯曲手腕与手掌呈15°

图 2-24 垫铁的握法

（3）线凿。

线凿一般由碳钢制成，用于维修车身线，如图 2-25 所示。线凿有不同的类型，可配合不同形状的钢板和不同的损伤情况使用。

注意事项：

● 根据车身线的形状选择相应的线凿类型。

● 当修复较长直线型车身线时，需选用直线凿并将线凿的 1/2 放置在未受损车身线上，另外 1/2 放置在受损车身线上，确保修复的车身线位置准确。

● 使用线凿时不可用力过猛，防止材料破裂。

（4）撬板。

撬板一般在较窄小的空间中或钢板成形时使用。撬板有不同的类型，可以配合不同形状的钢板使用，如图 2-26 所示。撬板通常由碳钢制成，碳钢具有良好的耐久性，并且能够有效抵抗弯曲和变形。

图 2-25　线凿　　　　　　　　　　图 2-26　撬板

（5）锉刀。

车身钣金锉刀，又称锉刀，它可以锉去痕迹，使工件表面光滑。锉刀分为粗锉刀（齿距为 2.30～0.83 mm）、中锉刀（齿距为 0.77～0.42 mm）和细锉刀（齿距为 0.33～0.25 mm）。车身钣金锉刀如图 2-27 所示，其使用方向为交叉方向，用于锉平大的表面。在对损伤部位进行修整后，使用车身钣金锉刀可以磨去高点而显露出需要再加以敲击的低点。操作时要注意，切忌大力使用车身钣金锉刀，否则可能会锉穿薄金属板。清洁保养时，应使用钢丝刷清洁，并用粉笔涂敷。

（6）拉伸器

拉伸器在拉伸小损伤的钢板时使用，其配备有多种配件，因此使用范围较广，如图 2-28 所示。

图 2-27　车身钣金锉刀

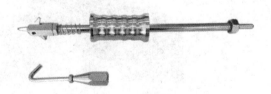

图 2-28　拉伸器

（7）大力钳。

大力钳主要用于夹持零部件进行铆接、焊接、磨削等加工，其特点是钳口可以锁紧并产生很大的夹紧力，使被夹紧的零部件无法松脱，而且钳口有很多调节挡位，供夹紧不同尺寸的零部件使用，如图 2-29 所示。另外，大力钳也可作为扳手来使用。

（8）冲子。

冲子分为普通冲子和定心冲子，如图 2-30 所示。

普通冲子用于在螺栓连接或铆接之前进行扩孔或定位。冲子有 5 个头部直径尺寸等级，包括 3 mm、4 mm、5 mm、6 mm 和 8 mm。

定心冲子是一种在坯料上冲孔使用的锻造工具。宝马汽车提供的定心冲子，长度为120 mm，其八边形的直径为 10 mm。

使用方法：钻孔前，冲子应倾斜 45°，将冲子头部放置在工件的中心点上，对正后与工件垂直，然后使用钣金锤敲击冲子尾部，便可在工件的中心点上形成一个凹坑。

注意事项：

● 冲眼的位置要准确，冲心不能偏离线条。

● 冲眼间的距离要视画线的形状而定，直线上可稀，曲线则稍密。另外，在转折交叉点处也需打冲眼。

● 冲眼的大小要根据工件材料的表面情况而定，薄的应浅些，粗糙的可深些，软的应轻些，而精加工表面禁止冲眼。

● 孔中心处的冲眼最好打得大些以便钻孔时钻头容易对准圆心。

（9）錾子。

錾子是通过凿、刻、旋、削来加工材料的工具，具有短金属杆，一端有锐刃，如图 2-31所示。车身修复过程中通常使用錾子从车身上拆卸或分离板件。

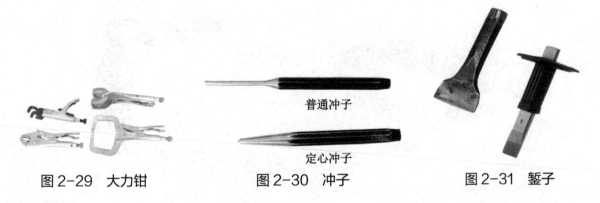

普通冲子

定心冲子

图 2-29　大力钳　　　　图 2-30　冲子　　　　图 2-31　錾子

注意事项：

● 使用过程中由于会用到钣金锤敲击，可能会产生铁屑飞溅的现象，所以必须佩戴护目镜。

● 最好选用带有护手装置的錾子。

2. 气动工具

（1）砂带打磨机。

砂带打磨机可用于去除板件漆膜、锈迹、焊疤和钣金胶等。在进行点焊分离工作后可用于研磨残留焊疤，整平工作平面，如图 2-32 所示。

图 2-32　砂带打磨机

注意事项：

● 根据研磨目的，配合使用不同材质的研磨砂带，以避免损伤车身板件。

● 操作时应佩戴护目镜、口罩、耳罩及皮质工作手套，禁止佩戴棉纱手套。

（2）气动锯。

气动锯用于切割车身板件及金属板材，尾部的延长气管可起到降低噪声及冷却的作用，如图 2-33 所示。

注意事项：

● 切割不同材质和厚度的板材时应选取合适的锯条。

● 操作时应佩戴护目镜、口罩、耳罩及皮质工作手套，禁止佩戴棉纱手套。

（3）气动钻。

气动钻用于钻孔和去除焊点及铆钉，如图 2-34 所示。

注意事项：

● 钻孔时注意正反转，去除焊点时应使用低转速高扭矩模式。

● 操作时应佩戴护目镜、口罩、耳罩及皮质工作手套，禁止佩戴棉纱手套。

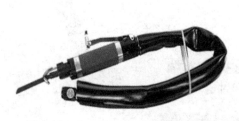

图 2-33　气动锯

图 2-34　气动钻

（4）点焊定位钻。

点焊定位钻用于去除电阻点焊焊点，如图 2-35 所示。

注意事项：

● 去除焊点时应使用低转速高扭矩模式。

● 操作时应佩戴护目镜、口罩、耳罩及皮质工作手套，禁止佩戴棉纱手套。

（5）角磨机。

角磨机用于去除板件漆膜、锈迹、焊疤及钣金胶等，特别适用于弯角不易触及的位置，如图 2-36 所示。

图 2-35　点焊定位钻　　　　　　　图 2-36　角磨机

注意事项：

● 根据研磨目的，配合使用不同的研磨头，以避免损伤车身板件。

● 操作时应佩戴护目镜、口罩、耳罩及皮质工作手套，禁止佩戴棉纱手套。

（6）气动打磨机。

气动打磨机可用于切割及研磨工作，如图 2-37 所示。

注意事项：

● 根据研磨目的，配合使用不同研磨头或者切割片，以避免损伤车身板件。

● 操作时应佩戴护目镜、口罩、耳罩及皮质工作手套，禁止佩戴棉纱手套。

（7）气动铆钉枪。

气动铆钉枪用于各类板材的紧固铆接，其优点是快捷便利，如图 2-38 所示。

图 2-37　气动打磨机　　　　　　　图 2-38　气动铆钉枪

注意事项：

● 保持规定的进气压力。进气压力过小，会降低铆锤的功率，不仅使铆接效率降低，铆钉头也可能因锤击次数过多而产生裂纹。

● 冲头一定要压紧铆钉后才能按下按钮。否则活塞将产生往返运动，不仅会消耗一部分能量，而且活塞撞击壳体还会使铆钉枪损坏。

● 利用防护弹簧将冲头与枪身连接牢靠，避免冲头飞出，对人员及设备造成伤害。

● 右手持握手柄，食指按下按钮，启动铆钉枪，可利用按钮调节压缩空气大小，保证铆钉枪平稳工作。铆接刚开始时，由于铆钉杆较长，铆钉杆与铆孔之间的间隙较大，受锤击时铆钉杆容易弯曲。因此，应轻压按钮，使铆钉枪的功率小一些，待铆钉杆填满铆孔时再重压，增大铆钉功率，以迅速形成墩头，接近完成时，再逐渐放松按钮，防止墩头打得过低。

● 冲头尾部按照不同铆钉枪的型号配制，不应串用，避免损伤机件，降低工作效率。

● 使用气动铆钉枪时不应随意打空枪，避免损坏机件。

● 禁止将铆钉枪头指向人，避免发生意外。

（8）气动胶枪。

气动胶枪利用压缩空气推动胶的底部来实现打胶，如图 2-39 所示。根据胶的包装不同可分为单组分胶枪和双组分胶枪。

注意事项：

● 使用前应检查胶的状况是否良好，避免因胶过期硬化而损坏胶枪。

● 调节气动胶枪的气压，不宜过高。

● 操作时应佩戴耐溶剂手套和护目镜。

（9）吹尘枪。

吹尘枪主要用于清除尘土，一般使用在手接触不到的地方，如狭窄缝隙、高处、气管内、机器零部件内部等，如图 2-40 所示。

注意事项：

● 禁止将吹尘枪对准人员操作。

图 2-39　气动胶枪

图 2-40　吹尘枪

3．电动工具

（1）砂轮机。

砂轮机主要用于大批量研磨工作的粗研磨，如图 2-41 所示。由于操作中转速较快，对板材会产生热影响，所以在操作过程中会造成火花飞溅。

注意事项：

● 所选用砂轮片的尺寸必须与设备相匹配。

● 需要对车辆的其他部位做好防护措施。

● 操作时必须佩戴防护面罩、耳罩和皮质工作手套，禁止佩戴棉纱手套。

（2）电动铆钉枪。

电动铆钉枪用于紧固铆接各种材料，依据铆钉大小，配有不同口径的铆钉枪口，如图 2-42 所示。同时还可以更换前部枪头配件，配合 BSP03 螺柱焊机实现拆除原厂铆钉的功能。可选配枪口延长套筒，以适用位置较深的部位铆接。

注意事项：

● 使用电动铆钉枪前应确保电池电量充足，以免铆钉拉伸不到位，造成铆接强度不足。

● 完成拉伸动作后，应将铆钉芯退出或向后倾斜电动铆钉枪使铆钉芯落入收集盒内，以免在进行下次拉伸时造成卡死故障。

● 拆卸和更换配件时应严格按照说明提示进行操作，以免对人员及设备造成伤害。

● 禁止将铆钉枪头指向人，避免发生意外。

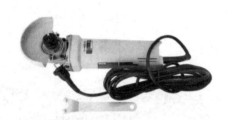

图 2-41　砂轮机

图 2-42　电动铆钉枪

（3）电动胶枪。

电动胶枪适用于双组分结构胶、钣金胶及玻璃胶等，如图 2-43 所示。

注意事项：

● 使用电动胶枪前应检查胶的状况是否良好，避免因胶过期硬化而损坏胶枪。

● 可调节转速，针对黏性较强的胶，应选用低转速，以免损坏胶枪电机。

● 操作时应佩戴耐溶剂手套和护目镜。

（4）热风枪。

热风枪是利用发热电阻丝的枪芯吹出的热风对需要部位进行加热的工具，如图 2-44 所示。有些型号可以通过电路板控制并显示温度。在车身维修过程中，热风枪主要用于加热以去除胶及黏结剂。

图 2-43　电动胶枪

图 2-44　热风枪

注意事项：

● 热风枪升温较快，热量高，为保证设备安全，不宜长时间使用。

● 停止使用热风枪前应将其调节到低温状态后继续工作一段时间，以便冷却。

● 禁止将热风枪对准人员操作。

（5）电动砂带研磨机。

电动砂带研磨机可用于去除板件漆膜、锈迹、焊疤及钣金胶等，如图 2-45 所示。在进行点焊分离工作后，可用于研磨残留焊疤，整平工作平面。

注意事项：

● 根据研磨目的，配合使用不同材质的研磨砂带，以避免损伤车身板件。

● 操作时应佩戴护目镜、口罩、耳罩及皮质工作手套，禁止佩戴棉纱手套。

（6）大电锯。

大电锯可用于车身结构件的粗切割，如图 2-46 所示。

图 2-45　电动砂带研磨机

图 2-46　大电锯

注意事项：

● 操作时应双手握紧大电锯，使锯片紧贴被切割部位，否则会产生剧烈振动，偏离切割位置。

● 必须将锯条安装到位。

● 操作时应佩戴耳塞和护目镜。

2.3.4.6　车身外板修复方法

1. 敲击法

对于小范围的局部凸起、凹陷可采用敲击法来修复单一、小而浅的凸痕及凹痕，使金属产生延展变形而恢复到原来的形状。敲击法使用钣金锤和垫铁来维修钢板，是存在已久的技术，是作为钣金工必须掌握的一项基本技能。

视频
车身外板整平作业

（1）敲击的原理

假如将一块平整的钢板置于底座上敲击，则钢板的两端将会向两边翘曲。当钣金锤表面的圆弧度越大时，翘曲的现象就会越明显。从敲击后的钢板可以看出，表面圆弧度大的钣金锤在敲击后会产生较深的凹痕和较明显的凹陷，所以钢板表面会朝着凹痕的方向延伸和翘曲；反之，表面圆弧度较小的钣金锤在敲击后产生的凹痕较小，甚至没有凹陷。所以维修钢板时通常使用表面圆弧度较小的钣金锤。

（2）敲击法的种类。

敲击法分为实敲法和虚敲法两种。其中实敲法用于拉伸金属，而虚敲法则用来整平金属。实敲法指垫铁的位置和钣金锤敲打的位置相同，也就是将垫铁置于钢板凸出部位的内侧，然后使用钣金锤敲打凸出部位，如图 2-47 所示，将垫铁准确地顶至钢板的凸出部位。实敲法一般是在使用虚敲法修正较大的凹陷后，用于修整细微的凹陷。

虚敲法指垫铁的位置和钣金锤敲打的位置不同，也就是将垫铁置于钢板内侧较低的部位，而使用钣金锤敲打钢板外侧较高的部位。假如敲击凸出部位时没有用垫铁顶住，则敲击时钢板会因为本身的弹性而引起反弹，不易将凸出部位敲下去，此时若将垫铁置于钢板内侧，如图 2-48 所示，则敲击时钢板的反弹会受到限制，从而将凸出部位敲下去。所以虚敲法通常用于维修大区域的凹陷。

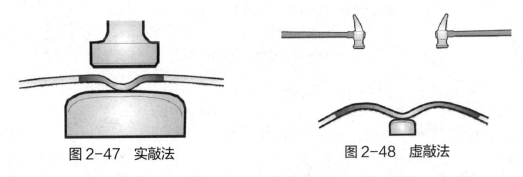

图 2-47 实敲法　　　　　　　　图 2-48 虚敲法

注意事项：

● 垫铁的形状与所接触的金属板的平面应该一致。一定要选择形状合适的垫铁，若垫铁的工作面不符合金属板的形状，则必然导致凹陷的增加。

● 采用实敲法时，垫铁必须接触到金属板的内侧，否则，只能使用惯性锤拉伸或填充剂填充。

（3）敲击法的应用。

初步作业是指将变形的车身外板大致恢复到损伤前的形状。初步作业的好坏会影响后续作业的难易程度和时间长短。因此，想要掌握初步作业的要领，必须扎实地学会初步作业的手法。

在开始修理时，观察变形的车身外板，推测车身外板的原来形状是十分重要的。简单的方法是观察并触摸另一侧未受损伤的相同部位及同一车型的相同部位。修理作业的顺序基本按照发生变形时的相反顺序。使用敲击法手工整形修复受损车身外板的方法，见表 2-10。

表2-10 使用敲击法手工整形修复受损车身外板的方法

序号	维修方法	操作方法	图示
1	使用钣金锤、垫铁修复受损的板面	① 将垫铁从内侧抵住车身外板凹陷部的中心，使用钣金锤轻轻敲击凹陷周围的塑性变形部位，同时将垫铁从内用力向外顶出。如果垫铁的力量不足，钣金锤敲击的部位只会产生凹陷，起不到修正效果。如果使用钣金锤和垫铁用力敲击凹陷部位，则会造成车身外板延伸，使修理变得更加困难，因此必须加以注意	
		② 将垫铁靠近凹陷周围的塑性变形部位，修正屈折的角状塑性变形。此时根据变形的情况，调整钣金锤的敲击力度和垫铁压力。修正敲击时原则上要顶紧垫铁。放松垫铁是造成车身外板延伸的原因，必须注意避免	
		③ 使用钣金锤敲击凹陷部位的周围，使整体变形均衡。敲击顺序为画圆圈样敲击，不可单敲某些部位。单敲某些部位容易产生局部新的变形	
2	使用线凿初步找出冲压线及其修复方法	① 使用线凿找出冲压线的方法。 　放置在地面（必须是平整的地面）上进行作业时，车身外板下方应垫上木板和硬的厚橡胶片，防止车身外板受到损伤。 　将线凿沿着冲压线抵住车身外板。如果未对准冲压线，则会发生冲压线偏移。 　若遇到比线凿宽度大的变形时，不要试图一次找出冲压线，要从端部开始逐步找出。 　当冲压线难以辨认时，应使用砂纸轻轻地研磨冲压线上方附近的部位，使之容易辨认	手磨板 冲压线
		② 冲压线的修复方法。 　a. 凹陷宽度小于线凿刃幅时。 　用线凿抵住凹陷的中央部位，使用钣金锤敲击。不要试图一次就找出冲压线，必须慢慢地恢复原状。用力过度造成的高于原形的冲压线，是很难修正的。 　b. 凹陷宽度大于线凿刃幅时。 　从端部朝中央方向慢慢作业。不能从直线的中央部位开始作业。 　作为确认变形的作业，首先应尝试使用线凿轻轻地敲击凹陷部的中央，有时凹陷变形会恢复到原来的状态	A $A \geqslant B$　B 变形量和线凿刃的大小 1　3　2 线凿的运动方法

2. 顶撬法

顶撬法指利用撬板撬起凹点进行车身外板修复的方法。撬板有不同的长度和形状，大多数有 U 形末端把手，还可以用来撬起门后顶侧板或其他密闭的车身部件上的凹点。使用撬板的效果通常比滑锤和拉杆好，因为撬板不需要在钣金件上钻孔或焊接，不会损伤漆面。

视　频
不伤漆修复技术

3. 拉伸法

采用拉伸装置将凹陷拉伸，即拉伸法，也是常用的凹陷整形方法之一。拉伸装置包括吸环、拉杆和专用拉伸器。目前常用的拉伸修复设备为整形机。

（1）整形机的组成及工作原理。

整形机也称为介子机，如图 2-49 所示。整形机属于电阻焊接的一种，其工作原理是利用电极头上夹持的各种附件与钢板接触，通过大电流，使接触部位产生电阻热，以获取与需求相对应的各种功能。整形机的常用功能包括垫片焊接、蛇形线焊接、与滑动锤安装一起的焊接及收缩作业等。市场上的整形机种类较多，功能不一，采用整形机修复前，应仔细阅读整形机使用说明书，严格按照流程规范进行钢板修复作业。

图 2-49　整形机

整形机焊接后向外拉伸的原理等同于钣金锤与垫铁作业时的虚敲作业。虚敲作业是将垫铁放置在钢板凹陷较低的内侧部位，整形机修复是将电极头焊接在钢板凹陷较低的外侧部位，向外拉伸，以取代从内侧向外压出的垫铁。

如图 2-50（a）所示为拉伸深而窄的凹陷，可以用力一次性拉伸。但是此方法有可能影响无变形的部位。如图 2-50（b）所示为拉伸浅而宽的凹陷，用较小的力量慢慢拉伸，若用力较大，焊接部分的局部则会延伸膨胀。

（a）深而窄的凹陷

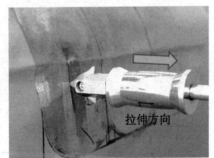

（b）浅而宽的凹陷

图 2-50　拉伸凹陷部位

注意事项：

● 拉伸方向是朝焊接方向，即朝向损伤时外作用力的方向（外作用力相反的方向）。

● 根据凹陷的状态调整拉伸力度。

（2）拉伸方法。

拉伸方法分为单点拉伸和多点拉伸，也称为局部拉伸和整体拉伸。局部拉伸指使用具有焊接极头的滑动锤焊接或焊接单个垫片，对局部或比较轻微的凹陷进行拉伸的方法。局部拉伸所影响的范围较小，通常以点的形式表现。整体拉伸是指焊接成排垫片或蛇形线等，通过一定的连接方式，使用人力或机械牵引上述介质，使每个垫片或蛇形线的焊接部位均匀受力，从而将损伤部位整体拉伸的方法。这种将众多垫片焊接在一起整体拉伸的方法也称为拉环法、垫片穿轴法等。整体拉伸所影响的范围较大，通常以面的形式表现，一般针对大面积的双层结构钣金件、转角过渡处、车门立柱和车门槛板等较重的损伤。

采用整形机修复作业时，应根据损伤程度、面积、部位等实际情况，合理选择焊接方式与拉伸方法。

（3）整形机的作业流程。

① 判定损伤范围。采用整形机修复作业前应先判定车身外板的损伤部位及程度，主要的检测方法有目视法、触摸法、使用钢直尺与楔形塞尺进行检测等。损伤部位确定后，应进行标注，以确认损伤区域。

② 磨除旧漆膜。磨除旧漆膜前，应佩戴好防护用品，如手套、口罩、护目镜、耳塞等。对单作用研磨机加注润滑油，把 60 目砂纸正确安装到研磨机上。调整合适的转速，将研磨机倾斜一定角度，轻轻放于钢板损伤部位或预固定搭铁的部位，开启开关将旧漆膜磨除。若褶痕较深无法触及时，应先消除应力，当褶痕逐渐展开后，再去除油漆。不易触及或凹陷较深的部位也可使用皮带式打磨机、手持砂纸或尖锐工具轻轻去除油漆层。研磨后应确保旧漆膜及油污清理干净，避免焊接瞬间出现火花伤及钢板。

通常损伤部位修复后的面积会由于周围弹性损伤的恢复而小于判定的损伤范围，即漆膜磨除的面积小于损伤判定范围。但有时弹性部位的油漆层也会由于钢板变形而出现轻微开裂现象，所以有的厂家要求漆膜磨除面积应大于损伤范围。

③ 试焊。试焊是在不熟悉设备的情况下所必须进行的一项工作，其目的是通过调节整形机的电流与时间间隔参数，以获得最佳焊接效果。同等条件下，电流和时间间隔过大，会造成焊接过度，对钢板产生热影响，使钢板的背面出现过烧现象，导致拉伸后钢板的表面出现凹坑，影响钢板表面精度。反之则焊接不牢，无法进行拉伸作业。试焊时，电流和时间间隔应从较小的参数逐渐加大进行调试，并应将二者尽量控制在较小的范围内。对于较严重的损伤，电流与时间间隔的参数并不是一成不变的，特别是电流参数，通常在对筋线、转角部位和车门槛板等有足够强度的地方进行粗拉伸时，二者的所需参数略大；而在修平作业时，二者的参数则相对较小。随着损伤的恢复，呈逐步递减的趋势。

④ 焊接。焊接时，应将搭铁和电极头处于同一钣金件上，二者距离通常不超过 50 cm。搭铁可通过夹钳固定在损伤部位的周围或边缘。电极头上的熔化物应及时清理干净，无法使用时应及时进行更换，以免影响焊接质量。

焊接时，焊接垫片应与钢板轻轻接触，呈 90°进行焊接，焊接加强筋部位时应按照预拉伸的角度进行焊接。损伤程度、面积及部位决定了焊接垫片的数量及距离，损伤部位的原有强度越高，损伤越重，焊接的垫片就越多，距离就越近。

⑤ 拉伸。拉伸时，应根据损伤程度，注意控制力量的大小。力量太小，起不到应有的效果，力量较大往往会造成凸起点较高，对后期的修平造成一定的难度，强行拉伸甚至会导致钢板出现孔洞。拉伸效果不明显时，应重新考虑力的方向、焊接部位及拉伸方法。

垫片整体式拉伸时，可选用较粗的铁丝，围成圈后将两头焊接起来，以便将轴从此工具中穿过进行拉伸。中间轴的选用应根据经验确保达到强度要求，否则轴在拉伸力的影响下会产生弯曲变形，导致周围垫片脱落。

⑥ 垫片拆卸。使用一根钢杆穿过垫片孔或者使用手钳，通过扭转将垫片从钢板上取下。严禁采取两边晃动的方法，否则钢板会出现孔洞。

⑦ 磨除焊接痕迹与防腐。将 80 目砂纸安装到研磨机上，磨除焊接后留下的痕迹，对钢板内侧进行防腐处理后，修复作业完成。

4．收缩作业

收缩作业是指将受外部作用力冲击（损伤）等导致的车身外板延伸状态修复到原有状态（平衡）的作业。

（1）收缩作业的方法。

收缩作业的方法主要有以下 4 种，如图 2-51 所示。

（a）通过氧乙炔加热进行收缩作业。

（b）通过丙烷气燃烧加热进行收缩作业。

（c）通过电流加热进行收缩作业（推荐）。

（d）通过钣金锤和垫铁进行收缩作业。

（a）氧乙炔加热　　　（b）丙烷气燃烧加热　　　（c）电流加热　　　（d）钣金锤和垫铁

图 2-51　收缩作业的方法

（2）变形、延伸的辨别方法。

① 想象修理前的变形形状。

通常变形（塑性）部位经常伴有延伸现象，修理后延伸现象也会有残存，想象修理前的变形形状是寻找延伸的重要因素。

② 用触摸法寻找变形部位。

此方法与寻找车身外板有无凹凸时的作业相同。首先，将手掌轻放在正常的车身外板面，然后使手掌通过修理后的表面，直到未变形的部位，用触觉感知车身外板有无凸起或者凹陷。

③ 按压寻找。

如图 2-52 所示，通过按压寻找损伤部位，按压下陷（变形）最深的部位，修理后用手指按压修理面的几个点，其中变形最大的部位就是延伸的中心。

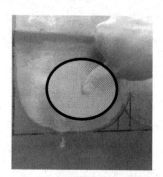

图 2-52　通过按压寻找损伤部位

（3）收火的原理。

收火是为了使高于原表面的部位缩回去，使其和原表面高度一致。其原理是利用加热消除材料的内应力，使得材料分子的排列顺序发生改变。

① 收火针对受损伤后发生延伸的板材。

② 将焊枪朝向延伸的中心进行加热。板材内部组织受热后膨胀，同时开始软化。

③ 进一步加热，促进膨胀和软化。膨胀和软化部位会向周围扩展，但因为周围冷却部分的抵抗力比膨胀力强，所以无法扩展至更大的范围，仅有延伸量的局部产生膨胀。

④ 急冷是在高温化后急剧冷却，软化、膨胀的板材开始急速收缩。由于加热部位周围的冷却部分无组织变化，故对收缩力产生抵抗作用。冷却方式通常有风冷或水冷，目前常采用风冷。

⑤ 收缩是通过加热后急冷的结果，使延伸部分收缩，接近受损伤前的形状。

（4）通过电加热进行收火作业。

① 原理。

通过电加热进行收火作业使用的是电热源，使用的设备是整形机，其工作原理是利用导电介质与钢板接触时产生的电阻热来加热钢板。使用时将电极头部更换为收火专用配件（铜棒或者碳棒），如图 2-53 所示。

② 特点。

● 可获得经常性的恒定热能，不需要像使用气体焊接机那样，调整火焰的大小、与板材的距离、加热时间等。

● 操作简单，作业时间短。

● 由于加热面积小，可准确地对需要收火的部位进行收火作业。

- 瞬间高温（约 1 000℃），即使在常温下也能获得急剧冷却的效果。
- 由于加热面积小，所以在相同的面积中，收火部位的数量比使用气体焊接机时多。
- 作业时可以不使用钣金锤和垫铁。
- 由于热源为电能，所以必须在板材上设置正负电极（接地）。

铜棒收火

碳棒收火

图 2-53　通过电加热进行收火作业

③ 加热法。
- 将电极头轻轻地压放在剥离漆膜的板材上，打开手中的电源开关。
- 为了降低电阻，接地位置要靠近收缩部位，并切实地剥离漆膜。
- 进行大范围的收缩作业时，从外侧向内侧进行旋涡状收缩，防止变形向其他部位扩张。
④ 注意事项。
- 同一部位不能多次重复加热，否则高温容易造成车身外板硬化。
- 不可使用过度，必须一边确认，一边作业。
- 严禁对无延伸的部位使用。由于收缩效果大，所以会造成比作业前更大的变形。
- 收缩作业结束后，打磨表面时，施加的力量为可研磨变色部位即可。因为收缩面积小，所以施加力量太大时，研磨产生的热量有可能造成损伤复原。

（5）通过收缩锤和垫铁进行收缩作业。
① 原理。
如图 2-54 所示，用于收缩作业时收缩锤的敲击面和垫铁的表面具有锉痕。车身外板的延伸部分在收缩锤的敲击下，表面形成沟槽，使车身外板收缩。

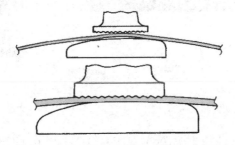

图 2-54　收缩锤的敲击面和垫铁的表面具有锉痕

② 适用范围。

在收缩作业中收缩锤和垫铁的使用方法与一般的钣金锤和垫铁相同，但是为了提高收缩效果，收缩锤敲击面的整体应与车身外板均匀地接触。

此方法仅限于延伸量较少，担心氧乙炔气焊接机和电加热发生收缩过度时使用。

2.3.4.7　外板修复质量评估方法

1. 目视观察法（视觉）

目视观察法如图2-55所示，用眼睛观察损伤部位。虽然在确认损伤的细微状况时，需要靠近观察，但对于车身的少许弯曲等状况，在稍远一点的位置进行观察，才更容易看出车身的损伤状况。

图2-55　目视观察法

2. 触摸法（触觉）

触摸法如图2-56所示，将手掌轻轻放在车身外板表面，上下左右移动手掌，通过手掌的触觉进行判断。手掌的移动方法：将手掌从无损伤面通过损伤部位滑动到对侧的无损伤面。

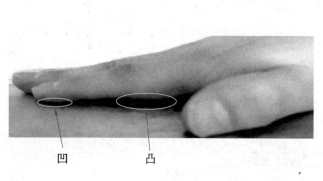

图2-56　触摸法

3. 工具检验法

通过视觉和触觉发现损伤部位是需要经验的。熟练者可通过敏锐的感觉，迅速、准确地发现变形部位，所以作业效率很高。但是，初学者不能依靠这些较难掌握的方法，而是需要将凹陷和凸出转换为肉眼清晰可见的形态，即工具检验法，这也是熟练掌握以上技能的捷径。

（1）使用手工打磨板确定损伤部位如图 2-57 所示。

使用 80～120 目的砂纸，用手工打磨板轻轻接触修理面，使修理面出现砂纸磨痕，而凹陷部位无砂纸磨痕。注意不要伤及无损伤的部位。

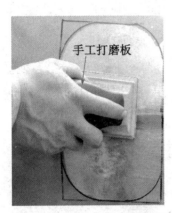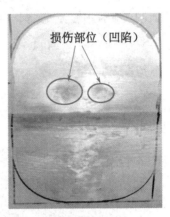

图 2-57　使用手工打磨板确定损伤部位

（2）使用钢直尺确认凹凸如图 2-58 所示。

对冲压线和靠近冲压线的部位，或者平面面积较大的部位，进行凹凸的确认时，使用钢直尺较为方便，且应选择长于修理面的钢直尺。测量车身外部时，以修理部位为中心，观察两边有无变形的面。确认顺序先从无变形的面开始，向修理面移动，根据钢直尺与车身外板的间隙，对凹凸进行判断。

图 2-58　使用钢直尺确认凹凸

（3）使用车身钣金锉刀修整凹凸。

无论修复哪些部位，经过钣金锤及垫铁等敲平后，均需用车身钣金锉刀修整凹凸之处。首先从未损伤部位的一端开始锉，经过损伤部位直到另一端未损伤的部位。采用此种方法可以与未损伤的部位保持在一个平面上，最终达到板面光洁平整。在锉修过程中，应握住手柄并将车身钣金锉刀向前推进，通过握住车身钣金锉刀前端来控制向下的压力及方向，向前的作业行程尽量长一些，回程时握住手柄把，将车身钣金锉刀往回拉，以获得更佳的效果。

4．功能检查

① 将车门关闭后，应检查下述内容。

● 车门关闭是否到位，即是否能关到门锁二卡位置，且在驾驶室由内向外用力推，锁卡

是否紧固。

● 关闭车门后，从外面观察车门是否与车身保持平整，车门上的棱线与车身上的棱线是否统一、平齐。

● 查看车门与门框口之间的间隙是否均匀，即门缝宽度是否一致，并使用楔形塞尺进行检验。一般要求门缝宽度在 2～4 mm 范围内，无大的误差。

● 查看车门外表本身是否平整，并用手向内按压，边移动位置边查看是否存在松动（伸张）的情况。再采用米字形触摸手法反复触摸车门外板表面，仔细检验车门表面的平滑程度，是否达到了要求，如图 2-59 所示。

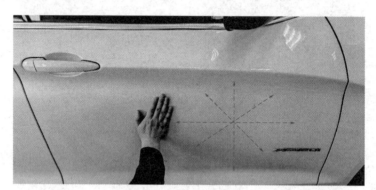

图 2-59　采用米字形触摸手法检验车门外板表面

② 将车门开启后，应检查下述内容。

● 车门铰链螺栓是否紧固，开关是否轻松灵活，润滑状况是否良好。

● 从"开启"到"关闭"对其他部位有无刮碰，从"打开"到"停下"能否均匀运动。

● 车内门柄开门是否灵活可靠。

● 升起与降下车门玻璃时，有无卡顿、过重或异响等现象。

2.3.4.8　车身连接技术

1. 车身板件的连接方式

汽车车身上的金属零部件连接在一起的方式有两大类，分别是车身可拆卸连接方式和车身不可拆卸连接方式。

（1）车身可拆卸连接方式见表 2-11。

表 2-11　车身可拆卸连接方式

序号	名称	图示			应用
1	螺纹连接	螺栓连接	螺栓焊接螺母连接	自攻螺钉连接	用于安装相同材料的各种车身和可拆卸组件等

序号	名称	图示	应用
2	卡扣连接	 卡扣连接 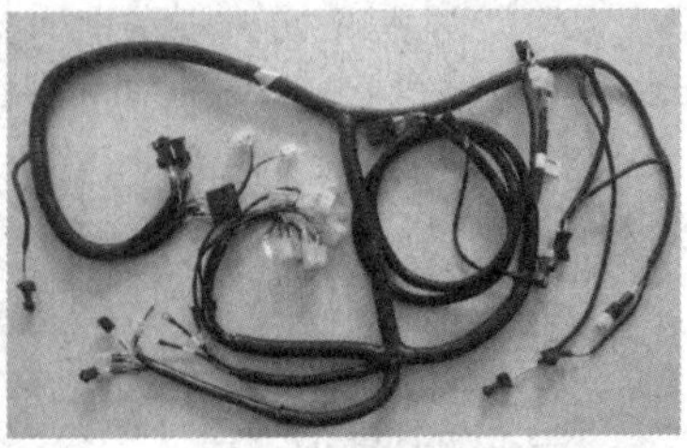　　安装装饰件、装饰条、线路等	用于安装室内装饰件、外部装饰件、装饰条和线路等
3	铰链连接	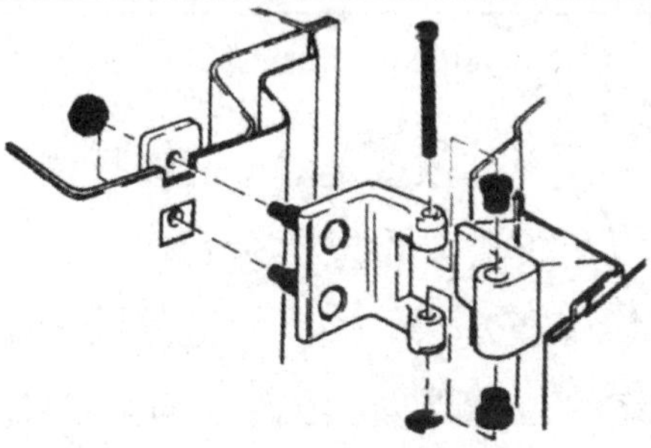 	用于连接车门、发动机罩盖和后备箱盖等需要经常开关的部件

（2）车身不可拆卸连接方式见表2-12。

表2-12　车身不可拆卸连接方式

序号	名称	图示	应用
1	折边连接	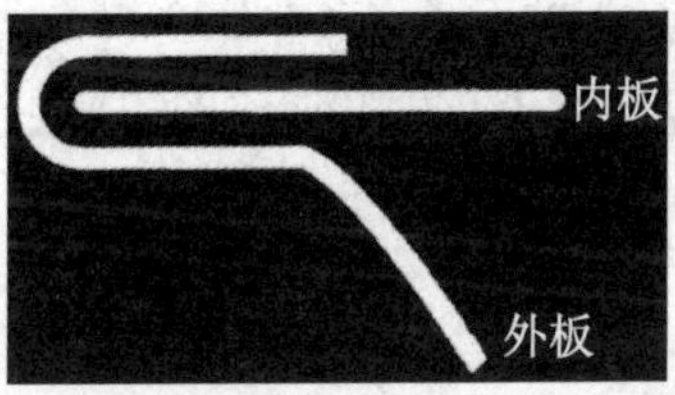  内板　　外板	用于连接车门外板、发动机罩盖内外板、后备箱盖内外板等
2	铆钉连接	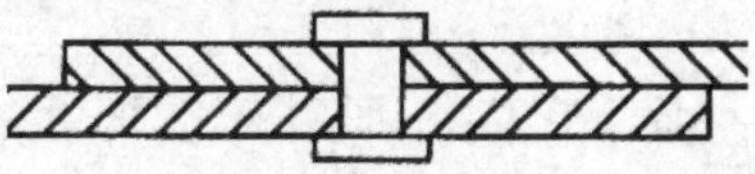 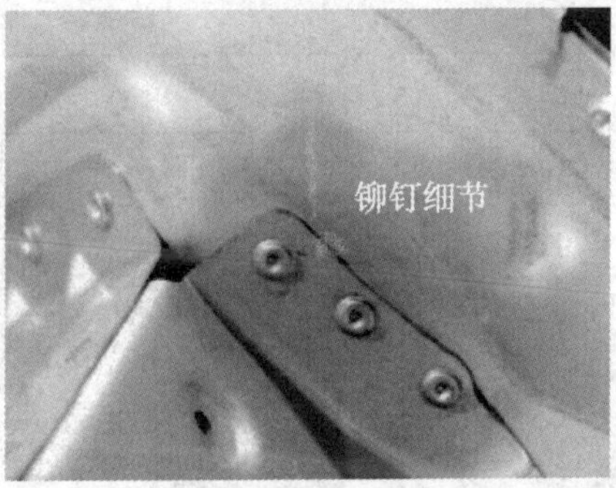 铆钉细节	用于连接车身上不同材料，或者用来连接铝、镁、塑料车身等
3	黏结连接	 粘接和铆接	用于连接车身需要密封的板件，如一些车身大面板、铝车身板件、塑料车身板件等。一般不单独使用，而是和其他连接方式共同使用

续表

序号	名称	图示	应用
4	焊接连接		对需要连接的金属板件加热，使它们共同熔化，最后结合在一起

2．车身连接方式的应用

碰撞受损的车门在修复后进行检验时，其中一项就是对车门进行调整，必须做到精确地调节，才能保证车门容易关闭与开启，在汽车行驶时不发出杂音，并且不漏雨水和灰尘。一般车门都具有调整装置，即车门铰链。具体调整方法：先将铰链的固定螺栓松开，然后利用附有橡胶垫的敲具拨动，调准后，紧固各螺栓。如果撞扣失准，应再调整撞扣。

（1）车门窗玻璃的校正与升降机的调节。

车门一般具有各种玻璃校正装置，以便在玻璃关闭或升降不灵时即刻进行调整。玻璃上升后，必须保证紧密配合车门的上方及两侧，达到防尘、防雨标准的密封要求，否则应及时调整玻璃下方的支座，以达到紧密配合的效果。

（2）车门栓扣的检修与其他附件安装。

车门栓扣是由车门上方窗框上的按扣控制的。如今很多汽车都装有一根电动螺钉管，使车门上锁或退锁。若汽车装设有电动车门栓扣，则在驾驶员座位侧的车门内会有一主控器对其控制，以防车门开启，或允许乘客自行控制车门。

2.3.4.9　工作页

1．金属板件的损伤一般分为_____和_____。

2．直接损伤和间接损伤有什么区别？它们分别以什么形式表现？

_____

_____

3．根据车身板件损伤情况，将损伤类型填写到方框内。

4．车身板件的修复原则：_____。

5．结合右图，请描述维修顺序：

_____

_____

_____

_____

_____

_____

_____。

直接损伤　　　　单纯卷曲

凹陷卷曲

6．按照开启方式，旋转式车门可分为_____和_____。

7．车门由_____、_____和_____组成。

8．分析：当车辆分别在前部、中部、后部发生碰撞事故后车门损伤情况如何？

_____

_____

_____

_____

9．结合所学知识，完成下面的内容。

名称：_____

功能：_____

名称：_____

功能：_____

名称：_____

功能：_____

名称：_____

功能：_____

10. 请简述钣金锤的使用方法及注意事项。

_____

_____

11. 敲击法分为_____和_____两种。

12. 请简述整平作业的程序要点。

_____

_____

13. 车身外板修复质量评估方法有哪些？

_____

_____

14. 根据图中所示，请将合适的连接方式填写在横线上。

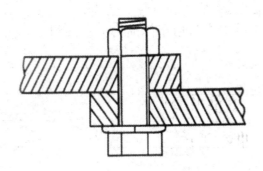

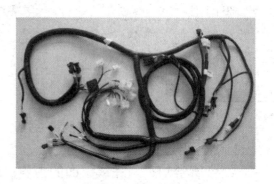

_____   _____

铆钉细节

_____   _____

15. 车门修复后的检查内容有哪些？

_____

_____

16. 实训。

准备好钣金工具、钣金设备、受损车门及防护用品（耳罩、手套、护目镜），并将学生分成 4 个小组，每个小组一块受损车门，小组成员轮流操作，相互评价并记录。

敲击法修复受损车门工作表

班级：	姓名：	日期：

任务描述：

（1）确认车门损伤范围及程度；

（2）规范使用钣金锤、垫铁修复受损车门；

（3）对修复后的车门进行平整度检验

作业记录单

1. 判断车门损伤情况

项目	作业内容		
车门损伤 判断方法	①	②	③
车门损伤 情况			

2. 敲击法修复受损车门作业流程

序号	步骤	内容	工具	注意事项
1				
2				
3				
4				
5				
6				

3. 车门修复后的检查

项目	修复后表面与原表面的差值（标准值：_____ ）
测量值	
总结 评价	

2.4 理论测试

一、填空题

1. 汽车车门有_____、_____、_____、_____、_____等 5 种形式。

2. 事故车指的是_____。

3. 汽车中的吸能区有_____等。

4. 金属材料分为_____和_____两大类。

5. 塑料的种类有_____和_____。

6. 车身按照受力情况可分为_____、_____、_____。

7．金属材料的机械性能指_____。金属材料的机械性能主要有_____、_____、_____、_____、_____等。

8．正火的目的：_____。

9．有色金属材料的特点：_____

_____。

10．收缩作业的方法有_____。

二、单项选择题

1．整形机是通过（　　）把垫圈焊接在钢板上的。

    A．电弧加热   B．电阻加热

    C．火焰加热

2．在使用垫铁、钣金锤和整形机都可以修理的情况下，使用（　　）可以省时省力。

    A．垫铁、钣金锤   B．整形机

    C．两种工具都可以

3．下列选项中，属于车身板件连接方式的为（　　）。

    A．黏结连接   B．机械连接

    C．整体连接

4．下列选项中，（　　）属于不可拆卸连接方式。

    A．折边连接   B．卡扣连接

    C．螺栓焊接螺母连接

5．车架式车身的变形修复的顺序是（　　）。

    A．左右弯曲、上下弯曲、断裂变形、菱形变形和扭转变形

    B．扭转变形、菱形变形、断裂变形、上下弯曲和左右弯曲

    C．扭转变形、菱形变形、断裂变形、左右弯曲和上下弯曲

6．车身上（　　）损坏了不允许修理，只能更换。

    A．车门护梁   B．前纵梁

    C．前立柱

7．被撞一侧钢梁的内侧及另一侧钢梁的外侧有皱曲，发生了（　　）变形。

    A．上下弯曲   B．左右弯曲

    C．压缩

8．车身中（　　）在碰撞中不吸收能量，只传递能量。

    A．前纵梁   B．后纵梁

    C．地板纵梁

9. 整体式车身变形修复的顺序是（　　）。

    A. 弯曲变形、断裂损伤、增宽变形和扭转变形

    B. 断裂损伤、增宽变形、弯曲变形和扭转变形

    C. 扭转变形、增宽变形、断裂损伤和弯曲变形

10. 下列说法中，正确的是（　　）。

    A. 汽车在前部、中部和后部都设计了吸能区

    B. 吸能区是在部件上设置了强度的局部变化

    C. 承载式车身的菱形变形不容易校正

11. 车身左侧翼子板与车门缝隙变宽，右侧缝隙消失，说明车身前部（　　）。

    A. 向左弯曲变形

    B. 向右弯曲变形

    C. 向上弯曲变形

12. 车门防撞护板已经凹陷或产生其他变形，处理方法是（　　）。

    A. 低温加热维修　　　　　　B. 更换新的

    C. 修理后只要不影响尺寸可以继续使用

三、判断题

1. 热收缩处理后，板件背面的防腐层会被破坏，随后的防腐处理是必不可少的。（　　）

2. 对金属板进行收缩时，可以使用钣金锤在垫铁上敲击的方法。（　　）

3. 车架式车身有梯形车架、W 形车架和 Y 形车架三种类型。（　　）

4. 碰撞车辆质量越大，被碰撞车辆的变形就越大。（　　）

5. 汽车被撞后，车身外壳表面会比正常位置低，结构上也有后倾现象，这是发生了左右弯曲变形。（　　）

6. 发动机罩盖没有吸能区设计。（　　）

7. 车门加强梁都不适宜校正，应当更换。（　　）

8. 退火指材料加热后，慢慢冷却的一种工艺操作方法。（　　）

9. 铆钉连接属于可拆卸的连接方式。（　　）

10. 车身板件的连接方式分为车身可拆卸连接方式和车身不可拆卸连接方式。（　　）

四、简答题

1. 在小损伤修复过程中手动工具有哪些？有什么作用？

_____

_____

2. 车身上的连接方式有哪些类型？请举例说明，每个最少三例。

_____

_____

3．请简述整形机的作业流程。

2.5　计划与决策

1．分组制订"汽车在行驶过程中与路边障碍物发生剐蹭，车门受损"情况下维修车门的工作计划。

工作计划表

品牌		整车型号		生产日期	
发动机型号		发动机排量		行驶里程	
车辆识别码					
工作任务	修复受损车门				
工作内容	根据车门损伤情况选择合适的修复方法，将受损车门恢复原状				
作业记录单					
1．判断车门损伤情况					
项目	作业内容				
车门损伤判断方法	①	②		③	
车门损伤情况（位置、程度）					
修复方法					
修复流程	序号	步骤	内容	工具	注意事项
	1				
	2				
	3				
	4				
	5				
	6				
	7				
	8				
	9				
	10				

续表

2. 车门修复后的检查				
项目	修复后表面与原表面的高度差值（标准值：_____）	前车门与后车门间隙（标准值：_____）	前车门与前翼子板间隙（标准值：_____）	后车门与C柱间隙（标准值：_____）
测量值				
结果判断及处理				
计划审核（教师）		年　月　日　　签字：		
工作中出现的问题		经验总结及改进措施		
结论和维修建议				
预估工时		成本预算		

2．学生小组合作，按照任务决策的关键要素完成任务决策。

（1）与师傅沟通，明确计划可行性。

工作任务的时间控制和成本控制，工作步骤的正确性、规范性和合理性，工作过程的安全性和环保性，考虑厂商的经济效益和工作效率等，并记录决策结果与师傅的建议。

（2）与客户沟通，明确计划可行性。

请站在客户的角度，和客户沟通任务计划实施的可能性（包括有几种可能供客户选择的方案，哪些项目做或不做，现在做还是未来做，考虑客户的成本控制、时间控制、安全性、环保性、美观性和便利性等，并记录决策结果与客户的意见）。

2.6　任务实施

1．学生按照本组制订的工作计划进行受损车门的维修，将检测过程及结果记录到工作计划表中。

2．查询工厂信息管理系统，进行备件和人员工资测算后，将其记录在工作计划表中。

3．实施过程评价。

修复受损车门评价表

序号	评价内容	评价标准	配分	得分
1	作业前准备	安全防护：未佩戴护目镜、未佩戴手套、未佩戴工作帽、未穿戴安全鞋、未佩戴耳罩，少一项扣1分，本项共5分，扣完为止	5	
2	整形机调整	1. 主功能切换不正确，扣2分； 2. 参数调整不正确，扣3分	5	
3	车门修复操作流程	1. 未对凹陷区域分析并画出打磨区域，扣1分； 2. 未根据损伤情况正确选用钣金工具，扣1分； 3. 未用铜棒或碳棒进行热收缩，扣3分； 4. 操作中工具落地一次扣1分，本项5分，扣完为止； 5. 设备使用完毕后未归位扣1分，本项5分，扣完为止	15	
4	车门修复效果	1. 打磨裸金属边缘（5分）：裸金属距离损伤区域≥50 mm，一处扣5分，其中长度>5 mm为一处，以此类推，扣完为止； 2. 整个修复部位高于板面高度（15分）：高于原板面1 mm，一处扣5分，其中直径>5 mm为一处，以此类推，扣完为止； 3. 间接损伤修复，低于板面高度（10分）：低于原板面高度1 mm，一处扣5分，其中直径≤5 mm为一处，以此类推，扣完为止； 4. 修复部位出现孔洞（10分）：修复门板表面有明显孔洞，每一处扣5分，三处以上为不合格，修复效果项为0分	40	
5	注意事项	出现危害人身或设备安全的操作，此项0分	5	
6	过程记录	工作过程记录完整、翔实，漏一项扣1分，不完整的酌情扣分，扣完为止	10	
7	工作过程	有野蛮操作行为扣5分，有不文明语言行为扣5分，扣完为止	15	
8	"5S"管理	设备工具、量具恢复原状并归位，保持工作场地干净整洁，漏一项扣1分，扣完为止	5	
		合　计	100	

2.7 任务评估

1. 小组合作完成任务检查，对工作计划、工作过程和工作结果进行评估，记录优缺点及改进建议。

（1）检查工单（检测结果、维修建议、维修措施、故障排除情况）。

（2）必要的"5S"管理（车辆、工位、场地）。

续表

（3）请根据实施诊断与修理工作的实际情况，完善、改进工作计划。

2．车辆维修结束，进行功能检查并将修复后的车辆及相关物品交付给组长，作为修理工需要交付哪些物品？写出交付车辆过程中需要注意的事项。

 ## 2.8　任务反思 ▼

在"车身外板的维修"学习过程中你有哪些收获，总结一下吧！

序号	项目	总结内容
1	单元知识点总结	
2	目标达成情况	
3	达成目标的原因	
4	未达成目标的原因	
5	工作过程反思	
6	在今后学习中要保持的	
7	在今后学习中要杜绝的	
8	在今后学习中要尝试的	

 ## 2.9　知识拓展 ▼

无痕修复法

雨季时经常会遇到这种情况，汽车被冰雹砸出很多大小不同的凹坑，如图 2-60 所示，圈出的地方为凹陷部位，漆面没有被破坏但是很不美观。

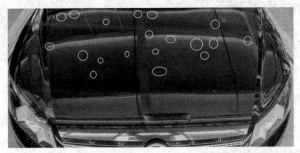

图 2-60　汽车被冰雹砸出很多大小不同的凹坑

　　传统的修复方法是将汽车漆面打磨掉，将凹陷部位拉伸出来，然后进行喷漆处理。而现在还有一种无痕修复法可以不用破坏原车漆面，其利用顶撬工作原理，结合其他辅助工具将凹陷部位恢复原状，优点是修复过程不会破坏原车漆面，维修成本低，修复效率高。

　　无痕修复法用到的维修工具有撬棒、橡胶锤、塑料棒、垫铁等，如图2-61所示。

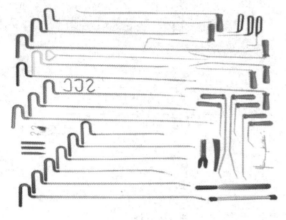 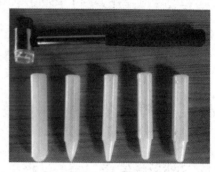

各种不同的撬棒　　　　　　　　　　　　橡胶锤、塑料棒

图2-61　无痕修复法用到的维修工具

　　使用这些工具对凹陷部位进行修复时的操作步骤如下。

　　（1）车身外部板件在受到比较小的力量冲击时，会产生一些微小的凹痕，影响车辆的美观，可以用笔先在微小凹痕部位做出标记。

　　（2）在凹陷部位做好标记后，把灯光放在需要修复的部位旁，通过灯光的照射仔细观察凹陷部位在修复过程中的变化，以便及时调整维修操作。

　　（3）对微小凹痕进行修复用的工具与常规的钣金工具不同，由于修复的力量要小而轻柔，所以工具也要小而精致。

　　（4）把撬棒深入板件凹痕的后面，如图2-62所示，在板件后找到凹痕部位进行轻柔地顶压。操作时用力要均匀、轻柔，不要一次性用力过猛，防止产生大的变形，使修复失败。

图2-62　把撬棒深入板件凹痕的后面

　　（5）修复好的凹陷部位，其漆面可能会有细微的磨损，可以在修复部位涂抹一些研磨膏，对此部位进行研磨抛光。

（6）最终通过精细修复后的汽车，与原外观没有太大的区别，修复前后的效果对比如图 2-63 所示。

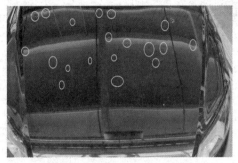

修复前

修复后

图 2-63　修复前后的效果对比

学习单元 3

车身测量与校正

3.1 学习目标

素质目标

1. 能够在小组中与他人高效沟通交流;

2. 能够站在他人的立场上思考问题;

3. 能够阅读技术信息,检索提炼,构建逻辑关系;

4. 在完成工作过程中,能够克服困难坚持到底;

5. 在使用校正平台过程中,遵守事故预防条例,帮助学生树立安全意识;

6. 在进行车身测量与校正过程中,应严格按照维修标准规范操作,提高学生的规范操作意识。

知识目标

1. 了解车身尺寸对车身维修的重要性;

2. 掌握识读车身数据图的方法;

3. 掌握常用车身测量设备的使用方法和注意事项;

4. 掌握车身测量方法;

5. 掌握车身校正设备的使用方法和注意事项;

6. 掌握车身校正方法。

技能目标

1. 能够正确识读车身数据图;

2. 能够正确设定车身测量基准点;

3. 能够规范使用车身测量设备对受损车身进行测量；

4. 能够对测量结果进行正确分析并制订合理的校正维修方案；

5. 能够根据车身损伤情况选择合适的测量与校正设备并规范操作，将受损部位恢复原状。

3.2 情境引入

在行驶过程中，由于前方车辆出现故障而紧急制动，后车驾驶员虽然反应较快紧跟制动，但仍造成两车追尾，导致后方车辆前部严重变形，需对车身前部进行检测并维修。车辆碰撞受损情况如图 3-1 所示。

图 3-1　车辆碰撞受损情况

3.2.1　接受任务

1. 角色扮演：请一名同学扮演前台接待员，另一名同学扮演客户，完成接待任务。其他同学观察并记录优点及需要改进的地方。

优点	需要改进的地方

2. 在实习车上，填写任务工单，明确故障现象。

车主姓名		日期	
车　　型		车牌号	
发动机号		VIN 号	
联系电话			
通信地址			

续表

故障现象描述：	
检查维修建议：	
故障结论（更换或维修的零部件记录）：	
取车付款： 现金　　　　　　　银行卡	维修人： 收款人：

3.2.2　任务分析

针对车辆前部碰撞受损进行维修，需要对其损伤情况进行分析，可通过测量方式确定损伤范围和程度，其中前纵梁严重变形需要借助校正平台进行维修。完成车辆维修作业时，需要掌握以下知识和技能。

（1）识读车身数据图。

（2）确认车身基本尺寸，明确基准孔位置。

（3）车身测量作业规范（测量设备的使用方法、测量的工艺流程、安全防护及测量时的注意事项）。

（4）车身校正作业规范（校正设备的使用方法、校正的工艺流程、安全防护及校正时的注意事项）。

（5）根据车辆损伤情况合理选择测量和校正设备且规范操作，使其受损部位恢复原状。

3.3　知识与技能

3.3.1　车身测量

车身测量是车身修复程序中必须进行的操作，事故车的损伤评估、校正、板件更换及安装调整等工序都要用到车身测量数据。在整体式车身修理过程中，车身尺寸的配合公差不能超过 3 mm，不同品牌主机厂所规定的误差值有所不同。

3.3.1.1 车身测量的目的及重要性

1. 目的

车身测量的目的是判断车身的受损范围和程度，从而选择合适的维修方法。事故车辆维修完毕后，通过车身测量来确保维修品质。

2. 重要性

（1）汽车车身测量是车身修理过程中不可缺少的重要环节，特别是现代轿车采用的承载式车身结构，如果车身损伤修理得不彻底、不精确，势必会影响汽车使用时的安全性、稳定性和平顺性等。汽车前悬架支承点的位置正确与否，会直接影响前轮定位角和汽车的轴距尺寸；发动机支承点与车身基准点的相对位置，则会影响发动机和传动系统的正确装配，若有偏差甚至会造成零部件的损坏。前悬架定位基准点如图 3-2 所示。

图 3-2 前悬架定位基准点

（2）车身测量贯穿车身修理作业的全过程，一般分为作业前、作业中和作业后三个阶段。修理作业前的检测，可以判断车身的损伤状态，了解变形程度的大小，并为确定修理方案提供可靠的依据；修理作业过程中的检测，有助于对修复过程的质量进行有效控制；修理作业后的检测，为验收和质量评估提供可靠的数据。

3.3.1.2 车身测量的基础知识

车身修理过程中对变形的测量，实际上就是对车身及其构件的形状与位置偏差的检测。选择测量基准是车身测量的关键。

1. 车身测量基准的选择

车身三维尺寸长、宽、高有三个基准，它们分别是零平面、中心面、基准面。

（1）零平面。

零平面也称为零点，是三维测量的长度基准。为了正确分析汽车损伤，一般将汽车看作一个矩形结构并将其分成前、中、后三个部分，三个部分的基准面称为零平面，如图 3-3 所示。

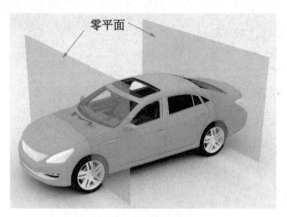

图 3-3　零平面

（2）中心面。

中心面是三维测量的宽度基准，它将汽车分成左右对等的两部分，如图 3-4 所示。车身上的各点通常是沿中心面对称分布的，因此所有宽度方向上的尺寸参数及测量，都以该中心线或中心面为基准。但是汽车上也有一些测量点不对称，即尺寸不同。因此，校正不对称的汽车零部件时，要使用车身数据图来不断测量和校正。

图 3-4　中心面

（3）基准面。

基准面是三维测量高度的基准，如图 3-5 所示。基准面是一个假想平面，与车身地板平行并与之有固定的距离，汽车的高度尺寸是从基准面得到的测量结果。基准高度数值可增大或减小以使测量读数更方便。因此在实际测量过程中，只要找到一个与基准面平行的平面作为测量的基准面，读取高度数值时，只考虑所有的测量值与标准值的差距变化即可。

图 3-5　基准面

为了保护乘客安全，乘客室被设计为车身最坚固的部分。当车身发生碰撞变形时，其保持几何尺寸不变的能力最强。当发生较严重的事故时，可将乘客室未变形的部分作为基准，进行车身的三维尺寸检测。

2．测量点的位置（如图 3-6 所示）

车辆测量点的选择：一种方式是根据汽车制造厂提供的说明书，上面标注了车身上部最重要的控制点作为测量点；另一种方式是选取车身主要部件的安装点（螺钉孔、螺栓头）位置作为测量点，如悬架及机械元件上的安装点等。

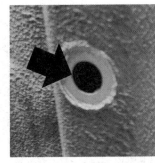

图 3-6　测量点的位置

3.3.1.3　车身测量方法

1．直接测量法

直接测量法无须通过数学模型计算，可直接读取测量尺寸。如使用游标卡尺测量孔洞直径，可直接读取数据。在维修手册中，若无特殊说明，所标注的参数通常为直接尺寸，数据通常以"mm"为单位。使用直接测量法测量尺寸如图 3-7 所示。

图 3-7　使用直接测量法测量尺寸

2．参数测量法

参数测量法又称标准值测量法，是以车身图样或技术文件作为依据标准的测量方法。在汽车车身尺寸图中，一般都注明了车身上特定的测量点，并以此数据为标准，对车身的定位尺寸进行测量，可以准确地评估变形及其损伤的程度，是非常可靠也较为常用的方法。以图样给定尺寸为标准的参数测量法，在车身测量过程中，其定向位置要求用点与点之间的距离来体现，其对称性要求以理论轴线（或点）与实际对称轴线（或点）的相对位置来体现。使用参数测量法测量尺寸如图 3-8 所示。

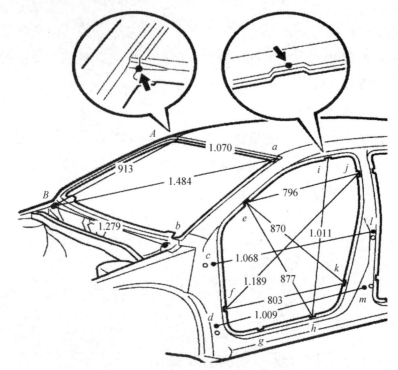

图 3-8　使用参数测量法测量尺寸

3．对比测量法

对比测量法以相同汽车车身的位置参数作为依据标准。所选择的车身应完全符合技术文件要求的状况，必要时还可以通过增加测量台数来提高依据标准的精准性。对比测量法应采用对角线方式，测量车辆左右两侧对称的框架参考点。若采用对角线方式测量的尺寸有误差，即说明车身受损。使用对比测量法测量尺寸如图 3-9 所示。

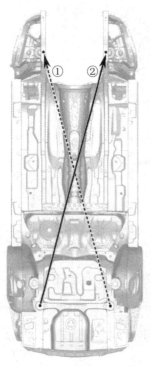

说明：

① 测量 1；

② 作为对比测量的测量 2。

车辆左侧和右侧框架参考点的设计是对称的，因此一般可以通过测量两侧的尺寸差，判断车身是否存在损伤。

图 3-9　使用对比测量法测量尺寸

运用对比法时应遵循以下原则。

（1）利用车身壳体或车架上已有的基准孔，找出所需的定位参数值。

（2）以基础零部件和主要总成在车身上的正确装配位置为依据。

（3）比照其他同类车型车身图中的标示方法，确定参数的测量方案。

注意事项：在检测汽车两侧受损或者扭转情况时，不能仅采用对角线方式，因为存在测量不出两条对角线间差异的情况，如汽车两侧变形相同，对角线相等，此方法就不宜使用。

3.3.1.4　车身测量类型

根据测量设备的不同，可分为机械测量系统和电子测量系统：机械测量系统又分为常规工具测量、量规测量、专用测量系统、通用测量系统和米桥式机械测量系统等；电子测量系统又分为超声波测量系统和卡尔拉得测量系统等。以下选取部分系统展开说明。

1. 常规工具测量

常规工具测量一般指钢卷尺和钢直尺，这两种尺子都可以直接获得定向位置上点与点的距离，是最简单、实用的一种测量方法，主要通过测距来体现车身部件之间的位置状态。这两种尺子的使用方法简便易行，但测量精度低、误差大，仅适用于精度要求不高的场合。

（1）钢卷尺。

如图 3-10、图 3-11 所示，使用钢卷尺进行点对点的测量，容易挂入孔的内部边缘，为了能够更精准地测量，可以把钢卷尺 10 cm（100 mm）处设置为从零刻度线开始测量（注意看数值时，视线应与钢卷尺上表面平直）。当测量点不在同一平面或之间有障碍时，用钢卷尺就很难测量两点间的直线距离。

图 3-10　钢卷尺

图 3-11　使用钢卷尺进行点对点的测量

（2）钢直尺。

钢直尺可用于距离较短的位置测量，同时在测量点之间没有障碍物时，可以用于配合伸缩量尺校准。

① 将钢直尺的工作面和被测工件的工作面擦净，使零刻度与被测尺寸起点重合，并贴紧测量工件。钢直尺用于测量工件的长度尺寸，它的测量结果不太准确。这是由于钢直尺的刻

线间距为 1 mm，而刻线本身的宽度就有 0.1～0.2 mm，所以测量时读数误差比较大，只能读出毫米数，即它的最小读数值为 1 mm，比 1 mm 小的数值只能估计而得。

② 为求得精确的测量结果，可将钢直尺翻转 180° 后再测量一次，取两次读数的算术平均值为其测量结果，可消除钢直尺本身的偏差。

③ 使用钢直尺后要及时把尺身上的灰尘擦拭干净。

④ 用没有使用过的机油将钢直尺润湿，机油用量不宜过多，以润湿为准，完成后存放备用。

⑤ 使用时，将钢直尺靠放在被测工件的工作面上，注意轻拿、轻靠、轻放，不能弯折，防止变形，不能作为工具使用。不允许存放在潮湿和有酸性气体的地方，以防锈蚀。

⑥ 相同的钢直尺在温差较大的环境下会产生较大的长度变化，影响测量结果。

（3）楔形塞尺。

图 3-12　楔形塞尺

楔形塞尺又名间隙规，是宽 10 mm 左右、长 70 mm 左右，一端很薄（像刀刃），一端厚 8 mm 左右的楔形尺，如图 3-12 所示。一般由金属制成，在其斜的一面上有刻度，是一种缝隙测量工具。由于一端尖锐，使用时要注意，防止被扎伤。

（4）游标卡尺。

游标卡尺是一种测量长度、宽度、内外径和深度的量具，如图 3-13 所示，游标卡尺由主尺和附在主尺上能滑动的游标两部分构成。若从背面看，游标是一个整体。深度尺与游标卡尺连在一起，可以测量槽和筒的深度。

图 3-13　游标卡尺

2. 量规测量

量规主要有轨道式量规和麦弗逊撑杆式中心量规两种，它们既可以单独使用，也可以互相配合使用。轨道式量规多用于测量点对点的距离，麦弗逊撑杆式中心量规多用于测量麦弗逊悬架支座（减振器支座）是否发生错位。

轨道式量规（如图 3-14 所示）一次只能测量一对测量点，得到一个尺寸，记录下每一个测量的尺寸，并与另外两个控制点进行交叉测量对比检验，其中至少有一个尺寸采用对角线方式测定。使用轨道式量规测量的最佳位置为悬架和机械元件上的焊点、测量孔等，它们对于部件的对中具有关键性作用。修理车身时，对于关键控制点必须使用轨道式量规反复测定并记录，以监测维修进度，防止过度拉伸。车身上部的测量可以大量使用轨道式量规来进行。

在一些小的碰撞损伤中，使用这种方法既快速又有效。另外，使用轨道式量规还可以对车身下部和侧面的尺寸进行测量。

图 3-14 轨道式量规

在车身构造中，大多数的控制点实际上都是孔或洞，而测量尺寸一般是中心点至中心点的距离，使用轨道式量规进行点对点的测量如图 3-15 所示。使用轨道式量规对孔进行测量时，一般测量孔的直径比轨道式量规的锥头要小，测量头的锥头起到自定心的作用。当测量孔径大于测量头直径时，如图 3-16 所示，为了使用轨道式量规进行精确测量，若测量孔的直径相同，则使用同缘测量法，如图 3-17 所示，即两个测量孔直径相同时，孔中心的距离就是两个孔同侧边缘的距离。

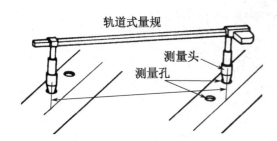

图 3-15 使用轨道式量规进行点对点的测量

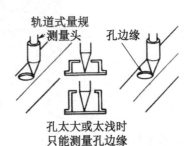

图 3-16 测量孔径大于测量头直径

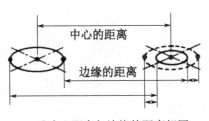

孔中心距离与边缘的距离相同

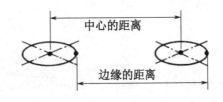

孔中心距离与边缘的距离不同

图 3-17 同缘测量法

如果需要测量的孔径不是同一尺寸，有时甚至不是同一类型的孔，如圆孔、方孔、椭圆孔等，要测出孔中心点间的距离，则要先测得两孔内缘间距，而后再测得两孔外缘间距，然后将两次测量结果相加再除以 2。也就是说，孔径不同时，内边缘和外边缘的平均值与孔中心距离相同。在使用轨道式量规进行测量时，要根据车身的标准尺寸来精确地测量汽车损伤，使车身结构修复至原尺寸。如果没有标准尺寸，则可使用一辆没有损伤、同一厂家、同一年份、同一型号的汽车作为校正受损汽车的参照。若仅车身的一侧受到损伤且不严重，则可以通过测量未损伤一侧的尺寸并以此作为损伤一侧的对照尺寸。

3．专用测量系统（斯潘内锡测量系统）

专用测量系统的设计原理来源于车身的制造过程，在制造焊接过程中车身板件都是固定在车身模具上的，车身模具是根据车身尺寸制作的，通过模具可以对板件进行快速定位、安装、焊接等工作。专用测量工具，即根据车身上的主要测量点的三维空间尺寸，制作出一套包含主要测量控制点的专用测量头，如图 3-18 所示。在车身变形后，可以通过车身上每个主要控制测量点与它专用测量头的配合情况来确定测量点的数据变化。直到主要测量控制点的位置与专用测量头完全配合后，才能够确定测量点的尺寸已经恢复到位。它不用像其他测量系统那样要测量出数据，然后与标准数据对比才能知道尺寸是否正确，而是把注意力放在控制点与测量头的配合上。

图 3-18　专用测量头

（1）斯潘内锡模具的测量组件如图 3-19 所示。

工具箱　　　　　　　　拆装工具和模具组件　　　　　模具　　　　　　立柱

图 3-19　斯潘内锡模具的测量组件

（2）斯潘内锡软件（如图 3-20 所示）：在斯潘内锡数据库内存储了世界上各种车辆的维修数据资料（三维数据图），可以根据事故车的品牌、型号和事故状态，得到需要的维修资料。

（3）斯潘内锡软件界面（如图 3-21 所示）：① 品牌及车型；② 车型搜索框；③ 车型列表；④ 车型图片；⑤ 品牌列表。

（4）选择车辆部件的安装情况及维修位置，如图 3-22 所示。

WinStar 软件 · WinStar 图标

图 3-20　斯潘内锡软件

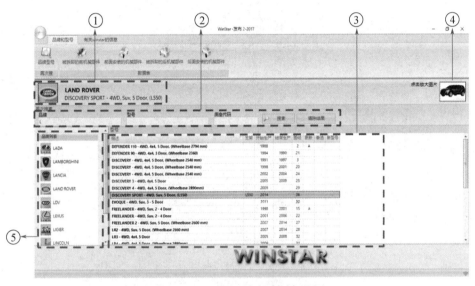

图 3-21　斯潘内锡软件界面

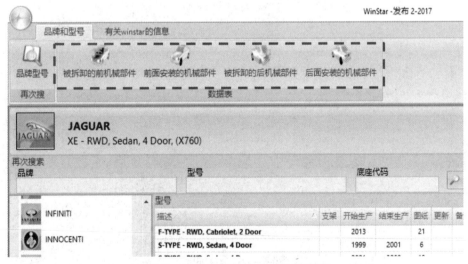

图 3-22　安装情况及维修位置

（5）选择需要的图纸，如图 3-23 所示。

（6）图纸介绍：主视图如图 3-24 所示，有详细的装配信息，方便组装模具；俯视图如图 3-25 所示，方便寻找底盘装配点。

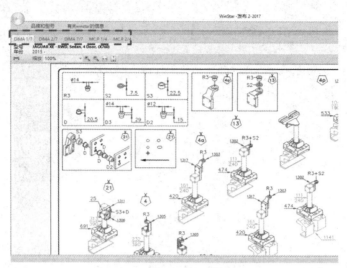

图 3-23　选择需要的图纸

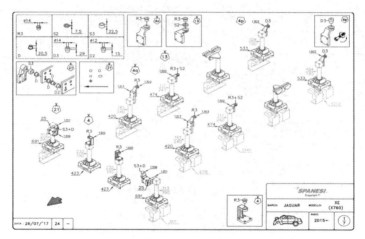

图 3-24　主视图

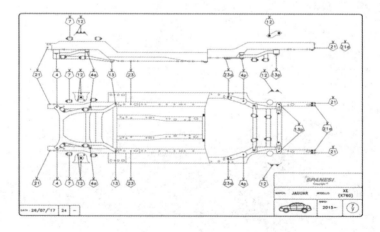

图 3-25　俯视图

（7）详细的图纸介绍：车辆信息如图 3-26 所示，在图纸的右下角，包括汽车的品牌、型号等；车身数据如图 3-27 所示，在图纸的左下角，包括测量车身数据的日期、数据编号等；模具头尺寸规格如图 3-28 所示，包括高度、宽度、长度尺寸及立柱型号等；安装时可能需要有一个或多个模具头件配合，如图 3-29 所示。

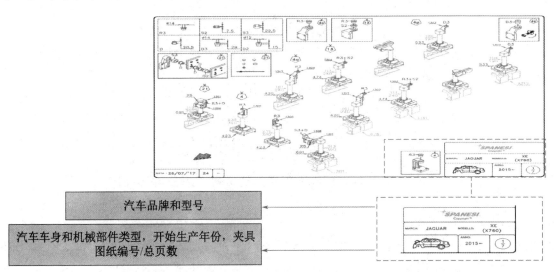

汽车品牌和型号

汽车车身和机械部件类型，开始生产年份，夹具
图纸编号/总页数

图 3-26　车辆信息

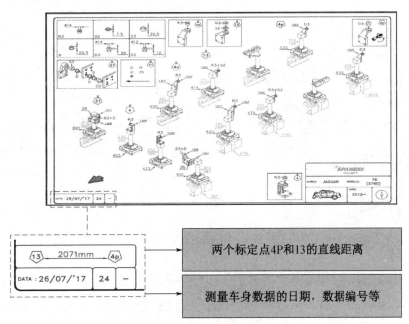

两个标定点4P和13的直线距离

测量车身数据的日期，数据编号等

图 3-27　车身数据

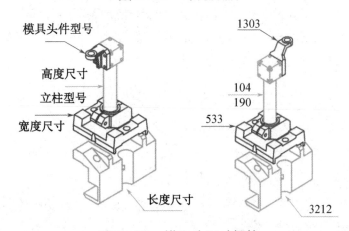

模具头件型号

高度尺寸

立柱型号

宽度尺寸

长度尺寸

图 3-28　模具头尺寸规格

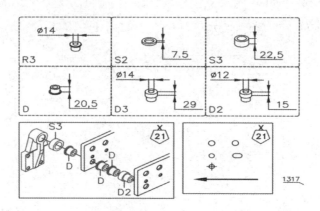

图 3-29　安装时可能需要有一个或多个模具头件配合

4．通用测量系统

通用测量系统如图 3-30 所示，在车身修理中被广泛应用。这些系统能够同时测量所有基准点，它们使部分测量工作变得更容易和更精确。对于通用测量系统，要求修理人员能够熟练操作。

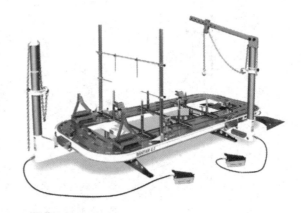

图 3-30　通用测量系统

在测量时，将通用测量系统绕车辆移动，不仅能检查车辆所有基准点，而且能快速地确定车辆上的每个基准点的位置。如果车辆上的基准点与标准数据图上的位置不同，则车辆上的基准点可能发生了变形。正确安装测量系统的各个部件后，使用测量头来测量基准点，如果测量头不在正确的基准点位置上，则车辆尺寸是不正确的。不在正确位置的基准点必须被恢复到事故前的标准值，然后才能对其他点进行测量。

5．超声波测量系统

视频
车身测量与校正

全自动电子测量系统中目前应用最广泛的一种是超声波测量系统，它的测量精度可以达到 ±1 mm 以内。它可以瞬时测量，且测量得稳定、准确，同时操作简单、高效。

（1）超声波测量系统的原理。

超声波测量系统由超声波发射器、Shark 控制柜及各种测量头等组成。超声波测量系统的基本组成部件如图 3-31 所示。

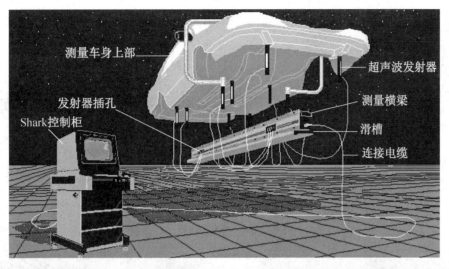

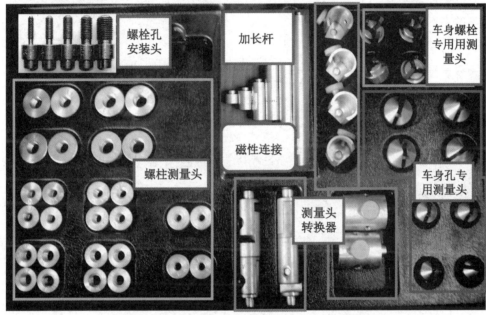

图 3-31　超声波测量系统的基本组成部件

　　超声波发射器（如图 3-32 所示）、测量头及测量头转接器等安装到车身某一构件的测量孔上，接收器装置在测量横梁（如图 3-33 所示）上，发射器发送超声波，由于声音是等速传播的，接收器可快速精确地测量声波在车辆上不同基准点之间传播所用的时间。计算机根据每个接收器的接收情况，自动计算出每个测量点的三维数据。

　　（2）超声波测量系统的操作。

　　超声波测量系统的计算机可以存储车身数据，其操作系统一般使用快捷键来操作，所以相对简单。操作步骤如下。

　　① 进入系统界面选择车型数据库，如图 3-34 所示。

　　② 记录用户信息，包括车辆的信息和车主的信息，这些信息可以与后面测量的结果一起存储，方便以后再次查询。车辆与车主的信息界面如图 3-35 所示。

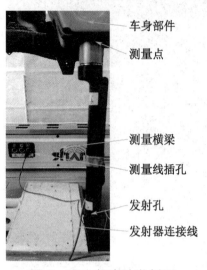

车身部件

测量点

测量横梁

测量线插孔

发射孔

发射器连接线

图 3-32　超声波发射器

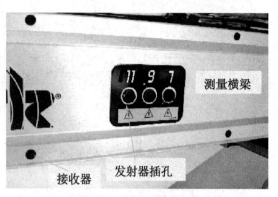

测量横梁

接收器　发射器插孔

图 3-33　测量横梁

国内车型数据库
请按 F1

美国车型数据库
请按 F2

欧洲车型数据库
请按 F3

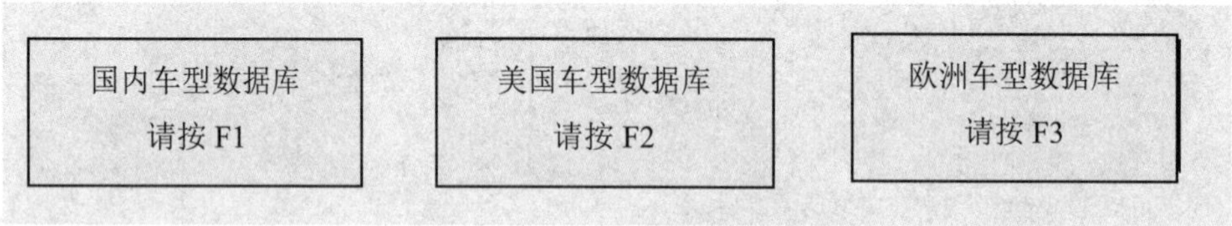

图 3-34　选择车型数据库

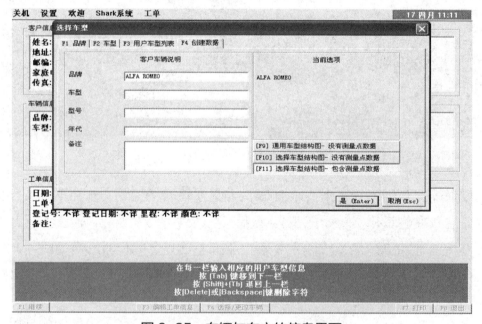

图 3-35　车辆与车主的信息界面

③ 根据事故车的类型选择汽车公司、汽车品牌、生产年代，从数据系统内调出符合的车型数据图。测量车型数据的选择界面如图 3-36 所示。

图 3-36　测量车型数据的选择界面

④ 选择测量基准。超声波测量系统在使用时，大大简化了操作过程。由于每个超声波发射器有两个发射源，接收装置也有多个，因此系统可以自动计算出宽度和高度基准，不用再进行人工调整。根据车辆的损坏情况来选择长度基准，若汽车前部发生碰撞，则选择后面的基准点作为长度基准；若汽车的后部发生碰撞，则选择前面的基准点作为长度基准。若发生碰撞的部位在汽车的中部，则要对中部进行整修，直到中部的四个基准点有三个点的尺寸恢复。长度基准的选择界面如图 3-37 所示。

⑤ 测量点传感器的安装。根据车身的损坏情况选择车身上有哪些点需要测量，需要测量的点按照计算机的提示选择合适的安装头，如图 3-38 所示。计算机还可以显示要测量点的位置图片，把传感器通过合适的连接安装头连接到车身上，然后把传感器的连接线连接到选定的接口上。

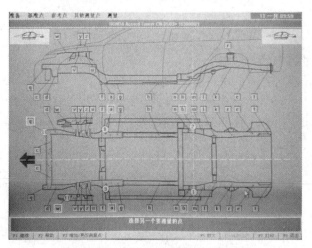

图 3-37　长度基准的选择界面

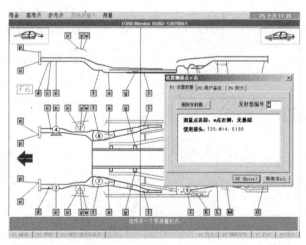

图 3-38　按照计算机的提示选择合适的安装头

⑥ 选择测量模式，计算机根据需要自动把测量值、标准数据和差值显示出来，测量界面如图 3-39 所示，对比测量数据显示界面如图 3-40 所示。

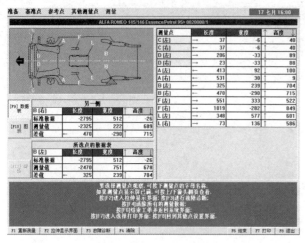

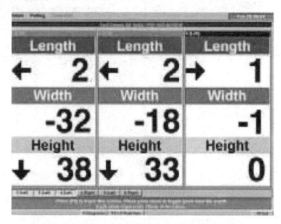

图 3-39　测量界面　　　　　　　　　图 3-40　对比测量数据显示界面

⑦ 拉伸校正中的测量。超声波测量系统一次可以测量多个测量点，也可对几个点同时测量监控。可以选择持续测量实时监控模式，系统每隔 1～2 s 会自动发射一次超声波进行测量，并把最新的测量结果在显示器上实时刷新。在校正过程中，修理人员可以很直观地注意到车身尺寸的变化情况。拉伸中的数据显示界面如图 3-41 所示。

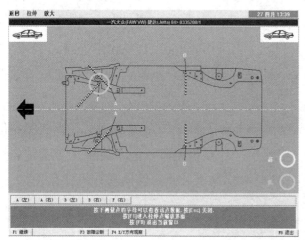

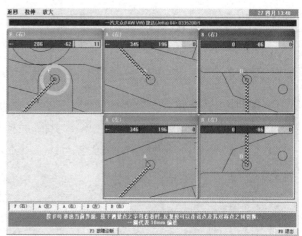

图 3-41　拉伸中的数据显示界面

超声波测量系统在测量过程中不会相互干扰，从而将环境对它的影响减到最小。操作中不用调节水平，计算机会自动找正，而且不会因为发射器、接收器的位置移动而改变数据，可以实现车辆碰撞修理前的预检、测量、定损、修理中的测量监控，以及修复后的数据存储、打印等工作。

6. 卡尔拉得测量系统

卡尔拉得测量系统主要用于测量和检查车辆底盘尺寸的正确性，可以参考卡尔拉得数据表进行测量，也可以进行绝对测量或比较测量。只需要将测量系统和被测物体放在平整的表面上，而且这些表面不需要相互平行或以任何特有方式相互对直。测量系统的五个主要部件是：带测量头和套筒的卡尔拉得测量滑尺、测量长尺、计算机、机柜和蓝牙，卡尔拉得测量系统如图 3-42 所示。

图 3-42　卡尔拉得测量系统

（1）卡尔拉得测量滑尺。

卡尔拉得测量滑尺的托架构成测量臂的基础，它在轮轨上运行，使其易于沿测量长尺移动到不同位置，如图 3-43 所示。测量臂构成实际测量单元，它包括三个臂：中心臂在水平面上可移动，它安装在测量滑尺托架的垂直轴上，最大可旋转两周；中臂安装在中心臂的垂直轴上；平行运动的外臂安装在中臂末端的水平轴上，在外臂的另一端有用于不同测量套筒的测量管卡具传感器，可以根据数据表固定测量头。

图 3-43　卡尔拉得测量滑尺

每个枢轴中都有角度传感器，可以发射与臂的实际角度呈正比的电信号。知道了每个臂的角度及枢轴之间的距离，便可计算出测量头相对于测量滑尺中心的位置。因此，每个测量滑尺在出厂前都要分别进行标定，且计算出的长度、角度等数据仅适用于此测量滑尺，其主要电子零部件与可充电的蓄电池一起被安装在中心臂上。除了上面提到的角度传感器，测量滑尺测量管卡具传感器可自动识别所选择的测量套筒。因此，可以根据需要更换测量套筒以达到期望的测量点，并且自动获得正确的测量值。由于实际原因，不可能在测量滑尺上读出测量值，而是通过无线电通信，将测量值传输到计算机中。所有的测量数据、数据表、测量值报告等都存储在此计算机中并处理。

（2）卡尔拉得测量长尺。

卡尔拉得测量长尺与纵向测量系统配套。测量长尺形成测量滑尺的表面（轨道面），因此将其放置在平面上很重要。测量桥上的纵向测量滑轨连同测量滑尺底座下的长度测量头共同

构成纵向测量系统，该系统对测量滑尺在测量长尺上的位置进行记录。卡尔拉得测量长尺如图 3-44 所示。

（3）卡尔拉得测量滑尺充电器与电池的检测。

卡尔拉得测量系统的锂离子蓄电池完全充电后，可连续工作 6～8 h。在给蓄电池充电之前，必须将蓄电池从测量滑尺上拆下，不应暴露在高温之下。特别是在充电期间，应防止该元件过热，因为过热会对其吸收电荷的能力产生不利影响。一旦蓄电池被放电，再充电至蓄电池容量的 80%需用 2～3 h，完全充满需要 6 h。卡尔拉得测量滑尺充电器与电池如图 3-45 所示。

图 3-44 卡尔拉得测量长尺　　　　图 3-45 卡尔拉得测量滑尺充电器与电池

（4）卡尔拉得测量配件。

卡尔拉得测量配件，如测量套筒和测量头存放在机柜右侧的抽屉内，如图 3-46 所示。

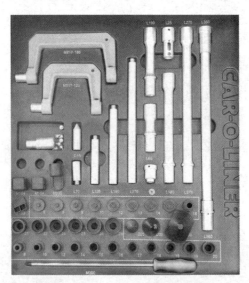

图 3-46 卡尔拉得测量配件

测量结束后需要做如下工作：在滑尺后部取出电池；滑尺臂要对应在车辆右方，锁上锁销（如果没锁则无法放入机柜）；拿起滑尺放入机柜，并固定住；松开长尺固定器，取下长尺，放置到地面平整的地方（每次用后需要清洁长尺轨道内侧）；关闭计算机，保存好蓝牙。

（5）卡尔拉得测量系统的使用方法。

卡尔拉得测量系统的使用方法见表 3-1，首先准备好车身、卡尔拉得测量系统、个人防护用品等。

表 3-1　卡尔拉得电子测量系统的使用方法

作业步骤	操作内容	操作要求	图示
1	安装测量滑尺	将测量长尺放置在车身下部的正中间位置，将测量滑尺小心地放置在测量长尺上，并使用自身的卡销卡稳测量滑尺，不要让其移动，将充满电的专用电池安装在测量滑尺电池盒内	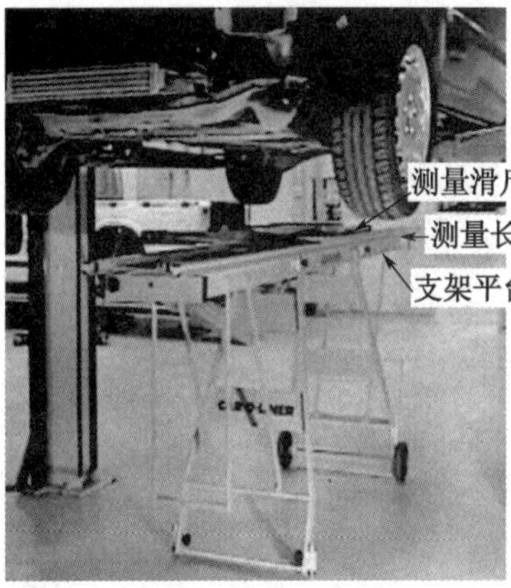 测量滑尺 测量长尺 支架平台
2	唤醒测量滑尺	启动计算机，进入测量系统激活界面，将测量滑尺在长尺上往返滑动几次，同时来回活动滑尺上的各个关节，以唤醒测量滑尺	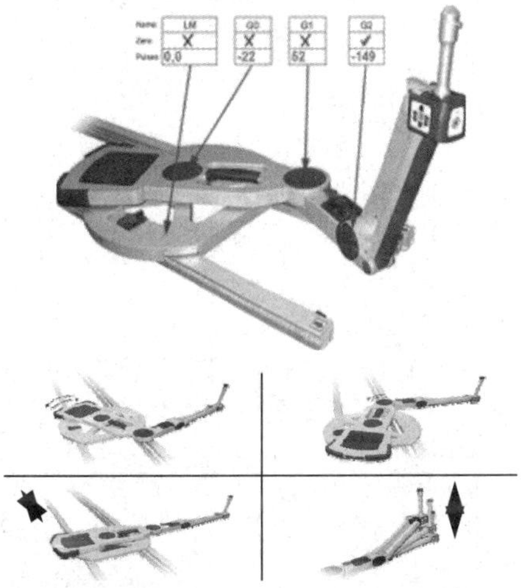
3	创建工单	单击"F2"按钮进入客户档案工作单界面，输入工单信息	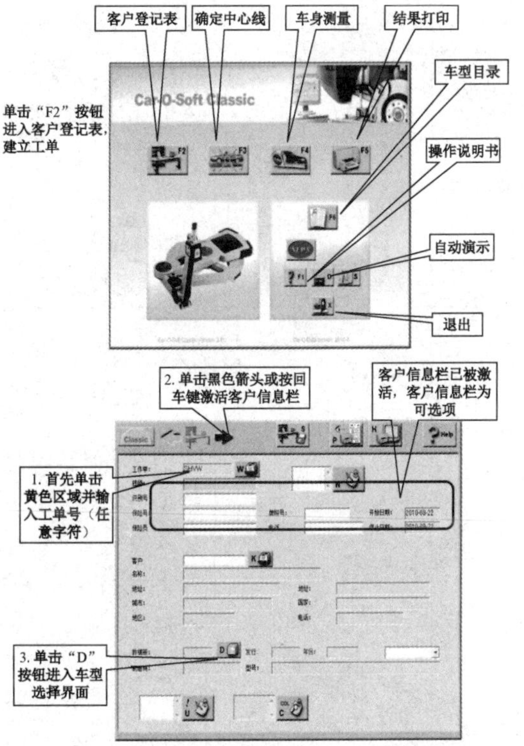 客户登记表　确定中心线　车身测量　结果打印 车型目录 单击"F2"按钮进入客户登记表，建立工单 操作说明书 自动演示 退出 2.单击黑色箭头或按回车键激活客户信息栏 客户信息栏已被激活，客户信息栏为可选项 1.首先单击黄色区域并输入工单号（任意字符） 3.单击"D"按钮进入车型选择界面

续表

作业步骤	操作内容	操作要求	图示
4	车型选择	根据需要查询汽车品牌，选择正确的车型	
5	选择测量模式	进入校正中心线界面，选择测量模式，选择有无发动机	
6	基准点确定	根据测量的原则，选择车身中部作为测量的基准位置，但也可选择距离没有变形的位置尽可能远的前后两组基准点作为测量基准。单击车身测量图表上相应点即可。注意对称单击，最多可以使用五个基准点作为测量的基准。窗口左下角显示所有选择的基准点	
7	正确选择测量配件	使用鼠标在窗口左下角对刚才选择的基准点再次选定。激活的基准点所必需的测量头也显示在窗口的左下角。必须正确选择测量头和加长套筒	

续表

作业步骤	操作内容	操作要求	图示
		根据维修车辆实际情况选择配件	左侧 L R 右侧 有螺钉选择2 OK Cancel Help
8	测量中心线	将测量滑尺放置在车身上选定的第一个基准点，并按滑尺端部的测量键进行测量，根据测量点的选择顺序进行测量，测量完毕呈现出靶心黄色标识即可	测量键
9	车身测量	根据车身受损情况对车辆进行测量。 拉伸修复完成后，再使用电子测量系统对车身进行确认测量	单击黑色箭头进入"打印结果"界面 阴影测量点：螺栓、螺孔两套测量数据 测量头型号 维修前、维修后数据的转换键 "测量锁定"按钮
10	结果打印	使用 30 号的梅花头改锥拆卸 5 条紧固螺栓（两侧各 1 条，中间 3 条，其中最中间的 1 条最长）	修复后的打印结果 "打印"按钮 车辆修复前的打印结果 修复前与修复后的对比打印结果 底盘测量结果 车身上部测量结果 底盘和上部测量结果

3.3.1.5　工作页

1．车身测量的目的：_____。

2．测量点的位置一般在哪里？

_____

_____

3．辨别下列测量工具，并完成表格。

序号	图示	名称	应用
1			
2			
3			
4			

4．车身测量方法有_____、_____、_____。

5．同缘测量法，即两个测量孔直径_____时，孔中心的距离_____的距离。

6．在测量时，将通用测量系统绕车辆移动，不仅能检查_____，而且能快速地_____位置。如果车辆上的基准点与标准数据图上的位置不同，则车辆上的基准点_____。正确的安装测量系统的各个部件，使用测量头_____，如果测量头不在正确的基准点位置上，则车辆尺寸是_____。不在正确位置的基准点必须_____，然后_____。

7．超声波测量系统由_____、_____及_____组成。

8．超声波测量系统在测量过程中_____，从而将环境对它的影响减到最小。操作中不用_____，计算机_____，而且不会因为_____而改变数据。可以实现车辆碰撞修理前的_____，_____，以及修复后的_____等工作。

9．卡尔拉得测量系统的主要部件有_____、_____、_____、_____、_____。

10．实训。

将学生分成两大组 4 个小组，准备 2 套卡尔拉得测量系统和 2 个受损车身，通过小组合作的方式完成受损车身的测量任务。一个小组学生操作，另一个小组学生对其操作过程进行评价并记录。

利用卡尔拉得测量系统检测受损车身

作业步骤	操作内容	操作要求	图示
1			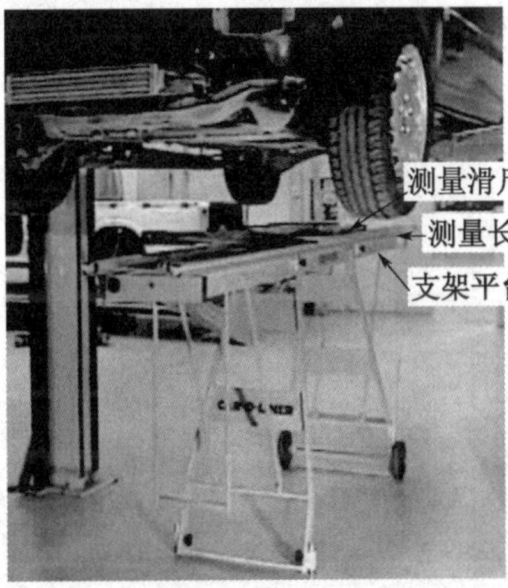
2			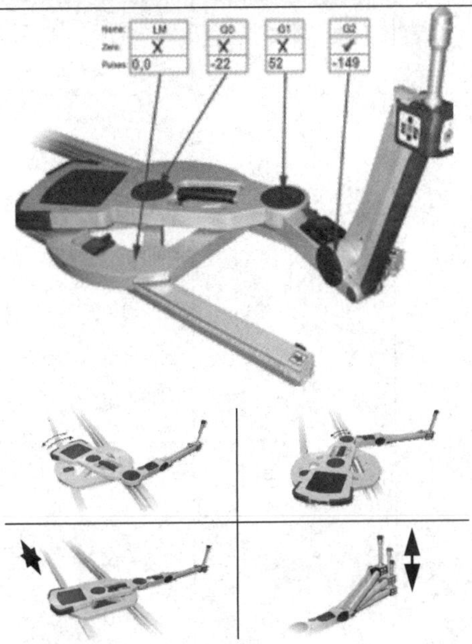

作业步骤	操作内容	操作要求	图示
3			客户登记表　确定中心线　车身测量　结果打印 车型目录 操作说明书 首先单击"F2"按钮进入客户登记表，建立工单 自动演示 退出 2.单击黑色箭头或按回车键激活客户信息栏 客户信息栏已被激活，客户信息栏为可选项 1.首先单击黄色区域并输入工单号（任意字符） 3.单击"D"按钮进入车型选择界面
4			2.选择相应的车辆名称，其中包括车身轴距 相应的车辆型号 车辆下线的年限 1.选择相应的汽车制造商，然后选择"Car" 3.单击"OK"按钮选择车型 车身数据编号 车辆数据编辑的时间 根据车身型号及其他型号的信息，选择相应的车身数据
5			
6			

续表

作业步骤	操作内容	操作要求	图示
7			
8			
9			

作业步骤	操作内容	操作要求	图示
10			

3.3.2 车身校正

3.3.2.1 车身校正的原理

车辆受到严重撞击后，车身的外覆盖件和结构件钢板都会发生变形。车身外覆盖件的损伤可以用钣金锤、垫铁和整形机来修理，但车身结构件的损伤修理仅仅使用这些工具是无法完成的。就现代车身结构而言，无论是承载式车身还是非承载式车身，结构件部分都大量采用了高强度钢、超高强度钢。由于材料原有的强度非常高，所以这些结构件的维修已经不是人力能够轻松解决的问题了。

车身校正的重点是精确地恢复车身尺寸与状态。因为车身是车辆的基础，汽车的发动机、悬架、转向系统等都是安装在车身上的，若这些部件的安装尺寸没有校正到原尺寸，即会影响车辆的性能。

如果在车身上采用了品牌主机厂"不允许的方式"进行车身校正维修，即使恢复了车身尺寸，也有可能会对车身结构件的原有强度造成影响。如果再次发生碰撞事故，碰撞能量如果无法沿着原设计的路径传递和吸收，极有可能严重威胁车内驾乘人员的生命安全。

因此校正（拉伸）车身时，有一个基本原则，即按照与碰撞力相反的方向，在碰撞区施加拉伸力。当碰撞很小、损伤比较简单时，这种方法很有效。但是当损伤区有折皱，或者发生了剧烈碰撞，结构件变形就比较复杂，这时仍采用沿着一个方向拉伸就不能使车身恢复原状。此时结构件的变形复杂，在拉伸恢复过程中，其强度和变形也随着改变，因此拉伸力的大小和方向需要适时改变。

车身校正实际上就是利用了力的合成与分解原理，按照与车身损伤时所受力的相反方向，对车身施加足以使损伤恢复原状的力，车身的所有变形都是基于这个原理进行校正的。拉伸力的方向如图 3-47 所示。

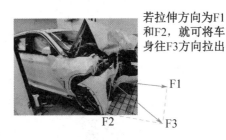

若拉伸方向为F1和F2，就可将车身往F3方向拉出

碰撞力的方向

拉伸方向

F1

F2   F3

图 3-47　拉伸力的方向

3.3.2.2　车身校正的设备

车身修复对校正工具及设备的基本要求：配备高精度、全功能的校正工具；配备多功能的固定器和夹具；配备多功能、全方位的拉伸装置；配备精确的三维测量系统。

目前，常见的车身校正设备主要有 L 形简易校正设备、地框式校正设备、框架式校正设备和平台式校正设备。

1．L 形简易校正设备

如图 3-48 所示，L 形简易校正设备的牵拉装置装配有液压系统，在可移动的立架和支柱之间用拉伸链条和夹钳牵拉被损坏的车身部分。因为容易搬运，所以这种装置很容易安放在损伤部分的牵引方向。但是这种类型的装置只能在一个方向上拉伸，因此这种类型的设备只适合一些小的碰撞修复，对于复杂的碰撞变形不能进行精确的修复。

图 3-48　L 形简易校正设备

2．地框式校正设备

在建造维修车间地面时，要把地框系统的锚孔或轨道用水泥固定在车间地板上，地框式校正设备如图 3-49 所示，车辆可以直接在地框系统上或使用支架固定在地框系统上进行修理。地框系统上的车辆在校正拉伸时要进行固定，其紧固力必须满足在拉力的大小和方向上同时保持平衡的要求。用一根拉伸链条把顶杆连在汽车和支架上，通过支架把顶杆和拉伸链条支撑在槽架上。利用支撑夹钳，将汽车支撑在汽车台架上。车辆要安全地紧固在支座的夹钳上，拉伸链条的一端连在支撑夹钳上，另一端钩住支架或轨道板，用链条拉紧器拉紧。一般在车身下部的四个位置都要进行这样的固定，确保车辆在拉伸校正中保持稳定。

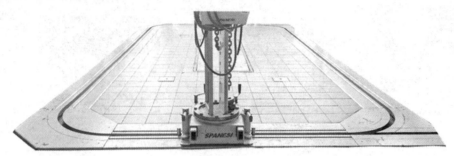

图 3-49　地框式校正设备

地框式校正设备最适合小型的车身维修车间使用，因为当顶杆、主夹具和其他动力辅助设备被清理后，校正作业区就可以用作其他用途，有利于车间面积的充分利用。

地框式校正设备可以用一种称为加力塔架的装置，提供额外的拉力。在车身上进行校正操作时，加力塔架随时可以提供拉力。

3. 框架式校正设备

校正设备包括校正平台和测量系统。框架式校正平台可依据模具头的特点分为专用型框架式校正平台和通用型框架式校正平台，根据车身主要控制点尺寸制造了专用的测量头，使用专用测量头可以快速地把车身变形点拉伸到标准位置，达到修复的目的。如果没有专用测量头，必须配备通用测量系统，才能够有效使用，目前比较常见的是使力得测量系统和卡尔拉得测量系统。框架式校正设备如图 3-50 所示。

图 3-50　框架式校正设备

专用型框架式校正平台在车身修理过程中，精确地修复必须要具备完整的专用测量头，在校正修理过程中，维修人员只需要注意车身的定位点（孔）能否与专用测量头相配合，而不需要考虑其具体尺寸的变化是多少。这种专用型校正设备最大的优点和缺点都是专用性。而现代车辆的多样性，导致车身类型不断变化，因此所配备的专用测量头也要随之增加，从而增加了维修成本。所以，现在越来越多的校正修理开始应用通用型车身校正设备。

4．平台式校正设备

平台式校正设备指平台式校正仪，是一款通用型车身校正设备，如图 3-51 所示，可以对各种类型、型号的车身进行有效的校正。

平台式校正仪的类型有多种，但一般配有两个或多个塔柱进行校正拉伸。这种拉伸塔柱为车身修理人员提供了很大的自由度，可在围绕车身 360°的任何角度、任何高度及任何地方向上或向下进行拉伸。其中很多平台式校正仪有液压倾斜装置或整体液压升降装置，利用一个手动或电动拉车器，将车身拉或推到校正平台上一定的位置。平台式校正仪同时也配备通用测量系统，通过该测量系统精确的测量可指导校正拉伸工作的准确、高效进行。

平台式校正仪主要有以下 7 部分组成。

（1）校正仪平台：校正仪平台是车身修复的主要工作平台，如图 3-52 所示，拉伸校正、测量、板件更换等工作都在该平台上完成的。

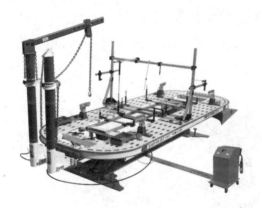

图 3-51　平台式校正仪

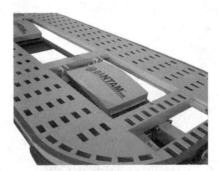

图 3-52　校正仪平台

（2）上车系统及升降系统：通过上车系统和升降系统可以把事故车放置在校正仪平台上。上车系统包括上车板、拖车器、车轮支架等，平台一般通过液压油缸把平台升起到一定的工作高度，平台的工作高度有固定式和可调式的，固定式的一般为倾斜式升降，高度在 500～600 mm。可调式的一般为整体式升降，高度一般为 300～1 000 mm，如图 3-53 所示。

上车系统

图 3-53　上车系统及升降系统

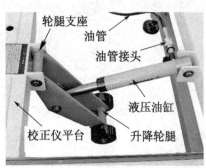

升降系统

图 3-53　上车系统及升降系统（续）

（3）主夹具：车辆在平台上进行维修前，通过固定在平台上的主夹具紧固车辆，使车辆、平台和主夹具成为一个刚性的整体，在拉伸操作时不能移动。为了满足不同车身下部固定位置的需要，双夹头夹具可以夹持比较宽的裙边部位，防止拉伸中损坏夹持部位。单夹头夹具的钳口开口很宽，能够夹持车架。对于一些特殊车辆的夹持部位有特殊的设计，有些车没有普通车的点焊裙边，如奔驰或宝马车就需要专门的奔驰、宝马夹具来夹持。不同类型的主夹具如图 3-54 所示。

图 3-54　不同类型的主夹具

（4）液压系统：车身拉伸校正工作是通过液压力的强大力量把车身上变形的板件拉伸到位，校正仪一般配气动液压泵或电动液压泵，通过油管把液压油输送到塔柱内部的油缸中，推动油缸的活塞顶出。气动液压泵一般是分体控制的，而比较先进的电动液压泵一般是集中控制的，由一个或两个电动泵来控制所有的液压装置，这样可提高效率，降低故障率，使工作更加平稳，如图 3-55 所示。

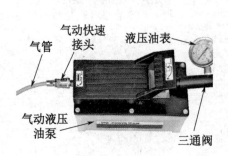

气动液压泵　　　　　　　　　　　　电动液压泵

图 3-55　气动液压泵和电动液压泵

（5）塔柱拉伸系统：损坏板件的拉伸操作是通过塔柱实现的。塔柱内部有油缸，液压油推动油缸活塞，活塞推动塔柱的顶杆，顶杆伸出塔柱的同时拉动拉伸链条，在顶杆的后部有链条锁紧窝把拉伸链条锁住，通过导向环把拉力的方向改变成需要进行拉伸的方向，导向环通过摩擦力卡在塔柱上。塔柱拉伸系统如图 3-56 所示。

（6）钣金工具：钣金工具包括各种专门对车身各个部位拉伸用的夹持工具，拉伸用的钣金工具如图 3-57 所示。

顶杆
链条
斜拉臂
导向环
塔柱
锁紧销
快速接头

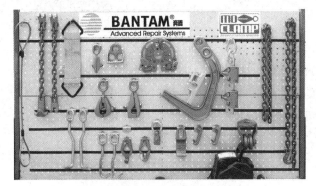

图 3-56　塔柱拉伸系统　　　　　　图 3-57　拉伸用的钣金工具

（7）测量系统：测量系统的使用是整个车身修复过程中不可或缺的重要环节。

5．车身校正的工具

（1）拉伸链条。

拉伸链条是拉伸时专用的链条，其最大承载能力为 80 kN，一般普通的链条不能用于车身的拉伸校正，如图 3-58 所示。

为了更方便地将拉伸链条与夹具固定或调整拉伸链条的长度，在车身校正工具设备中还专门制造了链条连接拉钩、链条连接器等专用工具。如图 3-59 所示，链条连接拉钩可以将链条快速地与夹持工具进行连接和拆卸，使用方便。对于不同型号的拉伸链条可以配备不同规格的连接拉钩，最大负荷为 50 kN。链条连接器可以将两条较短的拉伸链条进行连接，使其达到要求的长度，也可以将较长的拉伸链条缩短到要求的有效长度。

拉伸链条为车身校正时最常用的工具之一，使用前以拉伸距离及配套设备选择合适的拉伸链条，在使用时不得出现扭曲现象，以避免拉伸链条断裂。

链条连接拉钩　　　链条连接器

图 3-58　拉伸链条　　　　图 3-59　链条连接拉钩及连接器

（2）钣金拉带。

如图 3-60 所示，钣金拉带具有抗拉强度佳、柔软性好、接触面积大的特点，在拉伸时对拉伸部位具有较好的保护作用。

图 3-60　钣金拉带

钣金拉带只适合用于车身立柱等部位的拉伸，由于其比较柔软，所以不会对拉伸部位造成额外的损伤，可避免伤及漆面，其承载能力可以达到 50 kN。

（3）安全绳。

在拉伸时需要使用安全绳，以避免夹具脱落或拉伸链条断裂而产生的安全隐患，如图 3-61 所示。

图 3-61　安全绳

（4）滑轮座。

当车身碰撞后造成板件向上翘起的变形现象，可依照拉伸设备及受损部位情况，制订有效可行的维修方案。如图 3-62 所示，可通过拉伸链条配合滑轮座改变拉伸力方向。在安装滑轮座时，需要选择正确的安装位置，以保证拉伸效果。

图 3-62　通过拉伸链条配合滑轮座改变拉伸力方向

3.3.2.3 车身校正的安全操作

1．安全操作规则

使用校正仪时，不正确的操作可能会对人员、车身和校正仪都造成损伤。在进行车身校正时应注意以下安全规则。

（1）根据所用设备的说明书，正确地使用车身校正设备。

（2）严禁非熟练人员或未经过正式训练的人员操作校正设备。

（3）车辆固定时要确保主夹具夹钳齿咬合得非常紧固，车辆被牢靠地固定在平台上。

（4）拉伸前汽车的装夹要牢固，检查主夹具固定螺栓和钳口螺栓是否紧固牢靠。

（5）一定要用推荐型号和级别的拉伸链条、钣金工具进行操作。

（6）拉伸时钣金工具要在车身上紧固牢靠，拉伸链条必须稳固地与汽车和平台连接，以防在牵拉过程中脱落。同时，也要避免将拉伸链条缠在尖锐器物上。

（7）向一边的拉伸力量大时，一定要在相反一侧使用辅助牵拉，以防将汽车拉离校正台。

（8）操作人员在汽车上面和汽车下面工作时，请勿使用千斤顶支撑汽车。

（9）严禁操作人员与拉伸链条或牵拉夹钳在一条直线上。因为当拉伸链条断裂、夹钳滑落、钢板撕断时，特别是在拉伸方向上可能会造成直接的伤害事故。同时，在车外进行拉伸校正时，请勿在车内工作。

（10）使用厚防护毯包住拉伸链条或用安全绳把拉伸链条、钣金工具固定在车身上的牢固部件上，安装安全绳如图 3-63 所示，如果拉伸链条断裂，可防止工具、拉伸链条甩出对人员和物品产生损伤。

图 3-63　安装安全绳

（11）拉伸时要把塔柱与平台的固定螺栓紧固牢靠，否则拉伸中塔柱滚轮移动装置会受力损坏，可能导致塔柱突然脱离平台，造成人员和物品的损伤。

（12）塔柱使用拉伸链条进行拉伸时，拉伸链条在顶杆的锁紧窝锁紧，且不能扭曲，所有链节都应呈一条直线。导向环的固定手轮是在拉伸前固定导向环高度的，当拉伸开始后要松开手轮，防止拉伸链条断裂时左右甩出。手轮松开后，一旦拉伸链条断裂，导向环会因自重向下滑，使拉伸链条向下甩出。

2．车身校正时的安全防护

在进行牵拉校正之前，应对车身和一些部件进行保护，其注意事项如下。

（1）拆卸或盖住内部部件（如座位、仪表、车垫等）。

（2）焊接时用隔热材料盖住玻璃、座位、仪表和车垫（特别是在进行惰性气体保护焊接时，这种保护更为必要）。

（3）拆除车身外部板件时，使用棉布或钣金拉带保护车身以防擦伤。

（4）若油漆表面擦破，应及时修复，因为油漆表面的微小瑕疵就可能造成锈蚀。

3.3.2.4　车身拉伸校正的程序

1．拉伸校正的程序

首先校正长度，然后校正宽度，最后校正高度。

（1）拉伸校正程序就是找出修理的先后次序。

（2）车身在修理时，要以"从里到外"的顺序完成修理过程。

（3）先对车身的中部（乘客室）进行校正，使车身的中部和底部的尺寸，特别是基准点的尺寸恢复到位。

2．前纵梁的拉伸校正操作流程（见表 3-2）

表 3-2　前纵梁的拉伸校正操作流程

作业步骤	操作内容	操作要求
1	防护用品检查	所有防护用品齐全，并佩戴安全帽，调整安全帽锁扣长度
2	受损车辆检查	观察受损车辆的变形情况，初步判断变形受损量及拉伸方向。注意事项：作业前维修人员穿戴好所有的安全防护用品，防止操作中设备出现问题而损伤身体
3	车身测量	按照测量要求对损伤位置进行车身数据测量
4	移动塔柱	松开塔柱固定螺栓，使用推的方式，将塔柱移动到拉伸区域；移动塔柱时，注意发射器的连接线，防止将发射器的连接线夹断
5	固定塔柱	塔柱移动至拉伸区域后，使用塔柱固定螺栓将塔柱固定，紧固时注意采用拉的方式，塔柱与校正平台要求完全贴合，不能有松动
6	放置钣金拉带和安全绳	从辅助工具车上取下钣金拉带和安全绳，将其放于受损车辆需要校正的纵梁一侧，注意放时要平稳，防止钣金拉带和安全绳掉落
7	调整塔柱拉伸链条	维修人员应从校正平台的一侧站上校正平台，调整塔柱拉伸链条，注意拉伸链条的尾端不能超过塔柱的红色标线，调整完毕后，需将拉伸链条扣进锁紧装置内
8	连接安全绳、车身、钣金拉带和拉钩	捏住钣金拉带两端，将拉伸链条的拉钩扣入钣金拉带内，并把安全绳穿过钣金拉带和拉钩，使安全绳与车身、钣金拉带、拉钩三者相连
9	快速调整拉钩，调节拉伸链条长度	快速调整拉钩，调节拉伸链条长度，调节拉伸链条时，拉伸链条的所有链节必须在同一平面上，不得出现扭曲打结现象
10	压紧拉伸链条	松开导向固定螺栓，用力下压导向环，使拉伸链条拉紧，减小塔柱液压缸的行程

作业步骤	操作内容	操作要求
11	拉伸作业	对照电子测量系统的拉伸界面，根据前纵梁的变形情况，先校正较远的纵梁，再校正较近的纵梁
12	辅助拉伸	较远的纵梁校正完毕后，校正较近的纵梁时，需对另一根纵梁做辅助拉伸作业，防止过度拉伸，造成二次损伤
13	整理工位	按照"6S"标准，整理操作工位，恢复设备

3.3.2.5　工作页

1．车身校正的重点是_____。因为车身是车辆的基础，汽车的_____、_____、_____、_____等都是安装在车身上的，若这些部件安装尺寸没有校正到原尺寸，即会影响_____。

2．常见的车身校正设备主要有_____、_____、_____、_____。

3．拉伸链条为车身校正时最常用的工具之一，使用前以拉伸距离及配套设备选择合适的_____，在使用时不得_____，以避免_____。

4．钣金拉带的特点：_____

_____。

5．车身校正时的安全注意事项：_____

_____。

6．塔柱使用拉伸链条进行拉伸时，拉伸链条在顶杆的_____，且不能_____，所有链节_____。导向环的固定手轮是在拉伸前固定导向环高度的，当拉伸开始后_____，防止拉伸链条断裂时左右甩出。手轮松开后，一旦拉伸链条断裂，导向环会因自重向下滑，使拉伸链条_____。

7．车身拉伸校正的程序：_____

_____

8．实训。

准备好白车身和超声波电子测量仪、米桥式机械测量尺、防护用品。

将学生分成2个大组，4个小组。第一大组利用米桥式机械测量尺对受损车身进行测量，分析车身损伤情况；第二大组利用超声波电子测量仪对受损的车身进行测量，分析车身损伤情况并将分析结果记录下来。大组内小组轮流操作，相互评价。当大组内每个小组轮流做完后，再进行大组间的轮流实训。最后，根据测量结果制订维修方案。

测量受损车身工作计划表

| 班级： | | 姓名： | | 日期： | |

任务描述：

（1）对受损的车身进行测量，分析车身损伤情况；

（2）利用米桥式机械测量尺和超声波电子测量仪进行车身测量；

（3）根据车身损伤情况进行分析，制订维修方案

作业记录单

1. 测量受损车身

项目 序号	作业内容			
	步骤名称	内容	工具	注意事项
1				
2				
3				
4				
5				
6				
7				
8				

2. 车身损伤情况

车身受损部位及程度：

3. 车身维修方案

维修方案：

3.4 理论测试

一、填空题

1. 向一边拉伸力量大时，一定要_____，以防_____。

2. 严禁操作人员与_____在一条直线上。因为当拉伸链条_____时，特别是在拉伸方向可能会造成直接的伤害事故。同时在车外进行拉伸校正时，请勿_____。

3. 拉伸时钣金工具要在车身上_____，拉伸链条必须_____连接，以

防在牵拉过程中_____。同时，也要避免将拉伸链条_____。

二、单项选择题

1. 车身修理后要求尺寸公差是（　　　）。

　　A．±3 mm　　　　B．±4 mm　　　　C．±2 mm

2. 下面属于机械测量系统的是（　　　）。

　　A．自由臂式测量系统　　　　　　B．专用测量系统

　　C．超声波测量系统

3. 点对点的测量可以使用（　　　）。

　　A．轨道式量规　　　　　　　　　B．中心量规

　　C．麦弗逊撑杆式中心量规

4. 麦弗逊撑杆式中心量规可以测量车身的（　　　）。

　　A．前纵梁　　　　B．后纵梁　　　　C．减振器支架

5. 使用麦弗逊撑杆式中心量规时，安装在减振器支座上的部件是（　　　）。

　　A．中心销　　　　B．测量指针　　　　C．立尺

6. 下列选项中，可以测量出实际数值的测量系统是（　　　）。

　　A．专用测量头　　　　　　　　　B．中心量规

　　C．轨道式量规

7. 使用轨道式量规测量，当测量孔径大于测量头直径时使用（　　　）。

　　A．自定心测量　　　　　　　　　B．同缘测量法

　　C．同孔测量法

8. 在测量一辆前部碰撞的汽车时，要先测量（　　　）。

　　A．散热器框架部位　　　　　　　B．车身中部

　　C．车身前部包括水箱框架

9. 超声波测量系统横梁上的上下两排小孔的作用是（　　　）。

　　A．发射超声波　　　　　　　　　B．反射超声波

　　C．接收超声波

10. 下列关于车身数据的叙述中，正确的是（　　　）。

　　A．所有的孔都有数据　　　　B．主要的安装点都有数据

　　C．只是底部的孔有数据

11. 过度拉伸板件的处理方法是（　　　）。

　　A．用力顶回去　　　　　　　B．更换新件

　　C．用热收缩处理

12. 两个前纵梁都发生了变形，校正方法是（　　　）。

    A．不拆水箱框架，先校正严重损伤的纵梁

    B．不拆水箱框架，先校正轻微损伤的纵梁

    C．拆开水箱框架，分开校正

13. 纵梁向右弯曲时，校正方法是（　　　）。

    A．夹紧纵梁右侧的板件，再进行拉伸

    B．夹紧纵梁左侧的板件，再进行拉伸

    C．以上两种夹紧方法都可以

14. 一辆前部严重碰撞的汽车，要先校正（　　　）。

    A．水箱框架部位　　　　　　B．车身中部

    C．前纵梁

15. 在车身拉伸校正过程中，决定其修复程度的是（　　　）。

    A．板件变形量　　　　　　　B．测量板件的尺寸

    C．板件配合间隙

16. A 部件拉伸校正恢复尺寸后，对与它相连的 B 部件拉伸，处理方法是（　　　）。

    A．对 B 部件拉伸时力量小一些　　B．边拉伸 B 部件边测量 A 部件

    C．对 A 部件进行辅助固定

17. 车门中柱附近受到严重碰撞，校正时要从（　　　）。

    A．三个方向同时进行拉伸校正　　B．四个方向同时进行拉伸校正

    C．五个方向同时进行拉伸校正

18. 对车门槛弯曲后向前后拉伸校正时，门槛下的主夹具（　　　）。

    A．与校正平台不固定　　　　B．与校正平台固定

    C．固定，但不能完全紧固

19. 对中立柱进行拉伸时应使用（　　　）。

    A．安全绳　　B．钣金拉带　　C．只要能夹紧的钣金工具都可以

20. 校正仪的斜拉臂可以向上拉伸的车身部件是（　　　）。

    A．前纵梁　　B．后纵梁　　　C．车顶板或风挡立柱

21. 板件需要向上拉伸，可以使用（　　　）。

    A．液压顶板向上顶　　　　　B．斜拉臂向上拉伸

    C．塔柱向上拉伸

22. 通过下拉工具向下拉伸时，导向环在塔柱的位置是（　　　）。

    A．与拉伸的板件平齐　　　　B．可以在安全范围内任意高度

    C．塔柱最低位置

23. 当车架发生菱形变形时，拉伸校正最有效的方法是（   ）。

    A．从两个方向同时操作　　　　B．从三个方向同时操作

    C．从四个方向同时操作

24. 拉伸时锤击拉伸部位的板件是为了（   ）。

    A．敲平板件的变形　　　　　　B．消除板件内部应力

    C．防止拉伸夹持部位变形

25. 锤击板件变形部位可以消除应力的原因是（   ）。

    A．锤击会整平金属内的应力　　B．让金属晶粒松弛

    C．把板件敲软

三、判断题

1. 三维测量是长度和宽度尺寸的测量。 （   ）

2. 车身测量时最先测量车身中间部分。 （   ）

3. 中心面不用于测量车身宽度尺寸。 （   ）

4. 尽管对角线的测量结果是正确的，但车身结构或车架仍有可能不在其正确的位置。

    （   ）

5. 车身测量的误差允许为±5 mm。 （   ）

6. 测量的尺寸越短，测量的精度越高。 （   ）

7. 数据表的俯视图只显示车身数据的高度值。 （   ）

8. 在车身修复时，钢卷尺的使用范围要比三维测量广泛。 （   ）

9. 测量时，为了使测量数据更准确，把车身或车架分为三部分来进行。 （   ）

10. 电子测量系统软件能够储存车身数据。 （   ）

11. 电子测量系统只能测量车身的长度和宽度。 （   ）

12. 高度测量与长度测量是测量尺平行于车身基准面来测量的。 （   ）

13. 所有的车身数据图纸都使用一样的标记符号。 （   ）

14. 电子测量系统可以自动地将实际的测量值和数据表中的标准值进行比较。 （   ）

15. 点对点的测量是车身测量中最重要的测量手段。 （   ）

16. 车身零平面用来测量长度。 （   ）

17. 车身的高度值在所有车身数据表中都是一样的。 （   ）

18. 所有车辆使用相同的测量控制点。 （   ）

19. 可以使用钢卷尺进行车身所有点对点的测量。 （   ）

20. 测量两个孔时，中心对中心的测量与边对边的测量效果一样。 （   ）

21. 麦弗逊撑杆式中心量规可以进行长度测量。 （   ）

22. 与轨道式量规比较，通用测量系统具有即时读取数据的优点。 （   ）

23．超声波电子测量系统可以实时测量出测量点的数据。　　　　　（　　）

24．在一个平面内 360° 转动自由臂式的电子测量系统测量时不用调节水平。（　　）

25．超声波电子测量系统的测量精度可以达到±1 mm 以下。　　　　（　　）

26．超声波电子测量系统是根据声音以等速传播的原理测量的。　　　（　　）

27．在车身前部碰撞时，要选择前部的基准点作为长度的基准。　　　（　　）

28．如果车身中部发生碰撞，则要对中部进行整修，直到中部四个基准点有三个点的尺寸恢复了，才可以进行下一步的测量。　　　　　　　　　　　　　（　　）

29．在校正拉伸时，要同时在损坏区域不同的点上施加拉力。　　　　（　　）

30．所有类型的车身校正仪都可以对整体式车身进行修复。　　　　　（　　）

31．整体式车身的薄板结构，反复拉伸会使板件破裂。　　　　　　　（　　）

32．校正设备必须能同时显示每一个参考点上非准直度（变形）的大小和非准直度的方向。　　　　　　　　　　　　　　　　　　　　　　　　　　　　（　　）

33．在校正拉伸时，通过塔柱来监控整个校正过程。　　　　　　　　（　　）

34．在校正拉伸时，一般在车身下部的四个位置进行固定。　　　　　（　　）

35．L 形校正装置只能在一个方向上拉伸。　　　　　　　　　　　　（　　）

36．L 形校正装置适合大碰撞的拉伸。　　　　　　　　　　　　　　（　　）

37．平台式校正仪可在车身的任何角度和任何高度进行拉伸。　　　　（　　）

38．在拉伸校正开始之前，应该拆卸车上妨碍校正的部件。　　　　　（　　）

四、简答题

1．车辆在平台上定位时要注意哪些问题？

_____

_____

2．产生过度拉伸的原因是什么？

_____

_____

3．事故车实施校正修复前，应先做哪些工作？

_____

_____

3.5　计划与决策

1．分组制订"汽车在行驶过程中与前车追尾造成后车前纵梁严重变形，需进行拉伸校正"情况下的维修工作计划。

工作计划表

品牌		整车型号			生产日期	
发动机型号		发动机排量			行驶里程	
车辆识别码						
工作任务	对车辆进行测量并校正前纵梁					
工作内容	选择合适的修复工具和设备，对受损的前纵梁进行维修					

作业记录单

1. 判断车辆前部损伤情况

项目	作业内容		
车身损伤判断方法	①	②	③
车身损伤情况（位置、程度）			
修复方法			

	序号	步骤	内容	工具	注意事项
修复流程	1				
	2				
	3				
	4				
	5				
	6				
	7				
	8				
	9				
	10				

2. 前纵梁修复后的检查

项目	前纵梁标准值（长度值：_____；宽度值：_____；高度值：_____）		
测量值	长度值：_____	宽度值_____	高度值：_____
结果判断及处理			

计划审核（教师）		年　　月　　日　　签字：

工作中出现的问题		经验总结及改进措施	

结论和维修建议	

预估工时		成本预算	

2．学生小组合作，按照任务决策的关键要素完成任务决策。

（1）与师傅沟通，明确计划可行性。

> 工作任务的时间控制和成本控制，工作步骤的正确性、规范性和合理性，工作过程的安全性和环保性，考虑厂商的经济效益和工作效率等，并记录决策结果与师傅的建议。

（2）与客户沟通，明确计划可行性。

> 站在客户的角度，和客户沟通任务计划实施的可能性（包括有几种可能供客户选择的方案，哪些项目做或不做，现在做还是未来做，考虑客户的成本控制、时间控制、安全性、环保性、美观性和便利性等，并记录决策结果与客户的意见）。

3.6 任务实施

1．学生按照本组制订的工作计划对受损车身进行测量和校正，并将维修过程记录在工作计划表中。

2．实施过程评价。

车身测量与校正评价表

序号	评分内容	评价标准	配分	得分
1	安全防护	操作时未佩戴护目镜，扣1分	4	
		操作时未佩戴手套，扣1分		
		操作时未佩戴安全帽，扣1分		
		操作时未穿戴安全鞋，扣1分		
2	操作安全	拉伸前，用安全绳将拉伸链条、车身、钣金工具等连接在一起。未全部连接，一次扣1分，共2分	8	
		拉伸前塔柱未固定，一次扣1分，共2分		
		拉伸时导向环手轮未松开，一次扣1分，共2分		
		拉伸时拉伸链条扭曲，一次扣1分，共2分		

续表

序号	评分内容	评价标准	配分	得分
3	工、量具使用	工、量具选择错误或使用不规范，一次扣1分	4	
4	紧固夹具螺栓	对夹具螺栓进行正确安装及紧固，每漏紧1个螺栓，扣0.5分	8	
5	基准点选择	基准点漏选或错选，扣1分	4	
6	测量点选择	每选错一个测量点，扣0.5分	6	
7	测量头选择	每选错一个测量头，扣0.5分	6	
8	测量点测量	每个测量点的数据误差超过厂家规定（误差大于±3 mm 扣0.5分，误差为±3 mm 扣0.2分，误差为±2 mm 扣0.1分）	14	
9	确定拉伸方向和位置	拉伸方向和位置判断错误，各扣5分	10	
10	拉伸校正	拉伸过度后重新反向拉伸，每次扣3分	6	
11	校正质量检验	拉伸后最终测量数据超过厂家规定（每个数据5分。误差大于±3 mm，扣10分；误差为±3 mm，扣4分；误差为±2 mm，扣2分）	10	
12	安全事故	未按照正确的安全操作程序，损伤、损毁车辆，造成人员伤害，视情节扣1～5分，特别严重的安全事故，应终止操作，成绩记0分	5	
13	过程记录	对工作过程进行记录，记录应完整、翔实，漏一项扣1分，扣完为止	5	
14	工作过程	工作态度积极，文明操作，轻拿轻放，言行举止等合乎要求。动作不规范，其中有野蛮操作行为扣2分，有不文明语言行为扣2分，扣完为止	5	
15	"5S"管理	操作完成后未清洁设备、场地；设备和工、量具未归位，每项扣1分	5	
	合计		100	

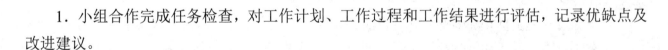

3.7 任务评估

1. 小组合作完成任务检查，对工作计划、工作过程和工作结果进行评估，记录优缺点及改进建议。

（1）检查工单（检测结果、维修建议、维修措施、故障排除情况）。

（2）必要的"5S"管理（车辆、工位、场地）。

（3）请根据实施诊断与修理工作的实际情况，完善改进工作计划。

2．车辆维修结束，进行功能检查并将修复后的车辆及相关物品交付给组长，作为修理工需要交付哪些物品？写出交付车辆过程中需要注意的事项。

 ## 3.8 任务反思 ▼

在"车身测量与校正"的学习过程中你有哪些收获，总结一下吧！

序号	项目	总结内容
1	单元知识点总结	
2	目标达成情况	
3	达成目标的原因	
4	未达成目标的原因	
5	工作过程反思	
6	在今后学习中要保持的	
7	在今后学习中要杜绝的	
8	在今后学习中要尝试的	

3.9 知识拓展 ▼

激光测量系统

激光测量系统由标靶、激光发射接收器和计算机组成，如图3-64所示。现代激光测量系统使用起来比较容易并且非常精确。它采用激光测量技术，由两个准分子激光发射器发射激光并投射到标靶上，如图3-65所示，每个标靶上有不同的反射光栅，通过接收光栅反射的激光束，测量出数据并传输到计算机上，再由计算机通过计算得到测量点的空间三维尺寸。

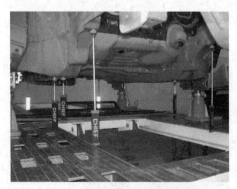

图3-64　激光测量系统

图3-65　标靶和激光发射接收器

激光系统提供直接且瞬时的尺寸读数。在拉伸和校正作业过程中，车辆的损伤区域和未损伤区域中的基准点都可被持续监测。

将车辆装到校正架上之后，在车辆中部的下面放置激光发射接收器，然后将其电缆插到计算机上，调出被维修车辆的车身数据尺寸图。车身数据尺寸图可能有一个、两个或三个视图，一些图表还提供了发动机罩盖下面和车身上部的尺寸。

按照计算机的提示选择合适数字的标靶、标杆和磁性安装头，并安装到车辆的测量点上。标靶和标杆安装在测量孔上，磁性安装头（标靶座）或弹簧片通常存放在机柜里。标靶座将标靶固定在指定的位置或车辆的基准点上。标靶座或弹簧片可以调节大小，从而安装在车身不同尺寸的孔上。

为了测量车身上部的各个点，要在悬架拱形座（挡泥板上冲压成形的减振器支座）上安装一个专用支架。在量针接触减振器拱形座上特定的点时，支架底部标靶反射的激光就可以被激光发射接收器读取。

在车辆上安装好激光发射接收器和标靶之后，使用计算机对系统进行标定，然后再读取车辆的尺寸，通过一系列计算机命令的执行，测量系统就可以完成对结构损伤的精确测量。

学习单元 4

车身板件更换

🎯 素质目标

1. 能够在小组中与他人高效沟通交流；

2. 能够站在他人的立场上思考问题；

3. 能够阅读技术信息，检索提炼，构建逻辑关系；

4. 在完成工作过程中，能够克服困难坚持到底；

5. 在进行板件更换过程中，严格按照规范标准进行，使学生逐步树立规范操作意识、安全意识。

👆 知识目标

1. 掌握更换车身板件的要求；

2. 掌握车身板件分离方法；

3. 掌握常用的板件分离工具的使用方法；

4. 掌握气体保护焊焊接的原理及方法；

5. 掌握电阻点焊的原理及方法；

6. 掌握车身典型覆盖件的更换方法及注意事项；

7. 掌握车身结构件的更换方法及注意事项。

C 技能目标

1. 能够正确分割与连接损伤的车身结构件；

2. 能够正确选择分离工具且规范分离车身板件；

3. 能够在车身钣金维修工作中正确选用焊接工艺；

4. 能够使用二氧化碳气体保护焊焊接车身板件；

5. 能够对车身板件进行电阻点焊；

6. 能够正确选择工具和设备并规范完成车身部件更换作业。

 ## 4.2 情境引入

在途经一丁字路口时，由于驾驶员未能看清两侧行驶的车辆就进行左转弯且行驶速度较快，正好撞击到直线行驶的车辆，导致车的右侧车门和右侧中立柱出现损伤变形，如图 4-1 所示，未造成人员伤亡，但需对右侧车门及中立柱进行修复，以便恢复到原来的形状及强度。

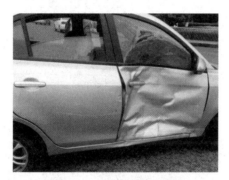

图 4-1　碰撞受损车辆

4.2.1　接受任务

1. 角色扮演：请一名同学扮演实习生，另一名同学扮演师傅，完成任务分配。其他同学观察并记录优点及需要改进的地方。

优点	需要改进的地方

2. 在实习车上，填写任务工单，明确故障现象。

车主姓名		日期	
车　　型		车牌号	
发动机号		VIN 号	
联系电话			
通信地址			

汽车钣金修复技术

续表

故障现象描述：	
检查维修建议：	
故障结论（更换或维修的零部件记录）：	
取车付款： 现金　　　　　　银行卡	维修人： 收款人：

4.2.2　任务分析

完成事故车辆的修复任务，需要对车辆进行损伤评估，确认其受损范围为右前车门和中立柱等部件。根据损伤情况并结合维修手册确定维修方案，需要对受损部件进行更换。在车身部件更换过程中需要掌握以下知识和技能：

（1）车身板件的分离方法。

（2）车身板件分割工具和设备使用方法。

（3）车身焊接维修工艺（焊接种类、焊接方法、焊接标准、焊接设备及焊接时的注意事项）。

（4）车身部件的更换作业（覆盖件和结构件的更换方法、维修流程、安全防护和工具及维修时的注意事项）。

 4.3　知识与技能

4.3.1　车身板件的更换要求

4.3.1.1　车身覆盖件的更换条件

车身覆盖件的更换，一般针对车身外部板件在遭受猛烈撞击后损伤严重或者板件严重锈蚀，经确认无法修复或不具备修复的经济价值和时效性后，而采用的一种更换修复的维修手段。

当板件发生以下损坏时需要进行切割后更换：

（1）像车身后侧围、B 柱外围板等处的严重碰损，如图 4-2 所示，无法修复或修复后难以达到原有性能时，需要进行局部切割，去除损坏部件。

图 4-2　外部覆盖件损伤图

（2）碰撞损伤严重的车门、发动机罩盖、后备箱等双层结构的板件，因为碰撞造成的严重翘曲或褶皱变形，如图 4-3 所示，一般直接进行更换。

（3）车身多次损坏修复过的覆盖件，因为加工硬化或者板件变脆，需要切割后更换新的板件，再将其焊接就位。

（4）一些锈蚀破损严重的板件，如图 4-4 所示，更换通常是唯一的补救方法。将生锈区域的金属件切割下来，在原来的位置焊接上新的局部板件。

图 4-3　车门的凹陷变形

严重锈蚀：
需更换

图 4-4　车身局部锈蚀

4.3.1.2　车身结构件的更换条件

对于承载式车身的结构件部分，如散热器支架、轮罩、地板、车门槛板、前纵梁、立柱、上部加强件、后纵梁、内部的护板槽及后备箱地板等，它们是承担车身安全性能的保障性构件，是发生重大碰撞事故时最主要的吸能缓冲构件，这些部位一旦发生严重的事故变形，进行维修后也难以达到车辆安全性能要求，因此应直接更换新的部件。

当车身的结构性板件损伤得十分严重，甚至产生了扭曲等复杂的变形，通过维修也无法恢复其外形和内在形态时，应该直接更换新的部件。如板件在轮廓分明的棱角处发生了扭曲

变形，损伤位置在发动机或转向器安装位置附近发生扭曲变形；由于严重冷作硬化而造成的"锁紧在一起"的严重折叠起皱变形，必须更换新的部件。

对于高强度钢板，如保险杠加强件、侧护板门梁和立柱等，这些板件受损后必须更换。在任何条件下，都不能通过加热来校正高强度钢板。

另外，一些重大的追尾事故造成车头或车尾纵梁严重溃缩，在常规的校正修复难以恢复其缓冲吸能作用时，也需要对这些损伤部段进行更换；很多高档车的车头和车尾大量使用铝合金构件，它们一旦发生溃缩或较为严重的变形，也必须更换新件。

4.3.1.3 换件的注意事项

为保证修复的质量，目前车辆在进行换件修复时，通常采用原厂专供的零件，而不再像过去那样需要钣金师傅手工制作板件。另外，在更换车身结构件时，主要通过切割和焊接工艺来实现，修复时要特别注意切割位置，一定要按照维修手册上的切割位置进行切割，绝不能随意切割，以免损害车身的安全性。整个换件过程，包括定位、测量等，技术要求都很高，如为确保正确的前轮定位，要求前悬架的悬梁接合部等结构上的允许误差非常小。此外，有些制造厂不允许反复分割结构板件，有些制造厂要求只有在遵循其正确工艺规程时才可以分割。总之，所有制造厂家都强调：不要割断可能降低乘客安全性的吸能区域、降低汽车性能的区域或者影响关键尺寸的地方。

4.3.1.4 板件的整体拆卸

车身多数的覆盖件如保险杠外罩、车门、发动机罩盖、后备箱盖及车身前翼子板等都是用卡扣或螺栓连接紧固的，拆卸这些板件时只需要拆卸紧固的卡扣或螺栓即可，操作相对容易简便，如图4-5所示。

（a）螺栓连接的紧固方式　　（b）车门内饰卡口连接的紧固方式

图4-5　车身部件的紧固方式

4.3.1.5 工作页

1. 车身覆盖件的更换，一般针对车身外部板件在_____或者_____，经确认_____或不具备_____，而采用的一种更换修复的维修手段。

2．碰损严重的车门、发动机罩盖、后备箱等双层结构的板件，因为碰撞造成_____，过去通常将蒙皮与骨架拆开分别整形，现在出于时间和经济性的综合考虑，一般_____。

3．车身_____覆盖件，因为_____或者_____，需要切割后_____，再将其_____。

4．通常因为修复后_____要么因为_____，而直接更换新的部件。

5．重大追尾事故造成车头或车尾纵梁严重溃缩，常规的校正修复_____作用时，也需要对这些损伤部段进行_____；如车头和车尾使用铝合金构件，它们一旦发生溃缩或较为严重的变形，也必须_____。

4.3.2 车身板件的分割方法

4.3.2.1 板件的局部切割

经常需要进行局部切割和更换的车身板件主要有两种：一种是封闭截面构件，如车门槛板、后侧围板、A 柱、B 柱和前纵梁；另一种是开式的或单层搭接连接的组合部件，如乘客室地板和后备箱地板。下面主要介绍车身封闭截面构件的局部切割。

1．切割原则

封闭截面构件是车身中对安全要求最高的构件，它们在整个车身结构中承担主要载荷，在分割时要特别考虑车辆的特殊设计，如防撞吸能区、内部的加强件、制造时的接缝位置及理想的分割区域等。如果原厂车辆维修手册中有相应的推荐方案，则应优先按照推荐方案来进行切割修复，如果手册中没有推荐方案，则应充分了解车身构造，根据车身板件的强度、焊接方式、断面形状等因素，按以下原则选择切换的位置。

（1）避重就轻。就是要求切口位置一定要避开构件的强度支撑点，即选择不起重要支撑作用的位置进行切割。同一构件上强度大小的区别在于是否有加强板等结构在起辅助增强作用。

（2）易于修整。构件切割更换后还需要对接口、焊缝等进行修整，如果按照修整工作量的大小选择切口，就可以简化构件更换后的作业，如所选切口正好位于车身内、外装饰件的覆盖范围内，其接口或焊缝的表面处理就容易得多。

（3）便于施工。选位应兼顾到切换作业的难易程度，如所选的位置是否便于切割和所选的切口是否易于对接等。

（4）避免应力集中。切口的选位应避开车身构件的应力，应力集中会使构件发生意想不到的损坏。

2．分离焊点、焊缝

车身后侧围板、后顶侧围板及车门蒙皮等采用焊接连接的部件，拆卸这些钣金件时一般采用气动钻或专业焊点去除钻来消除原厂焊点，并采用砂轮机去除原焊点残留毛刺，如图 4-6

所示，在拆卸旧钣金焊点过程中，一定注意不要损伤需要保留且与之相关联的板件。

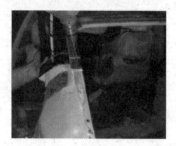  

（a）气动钻清除焊点　　　　　（b）焊点去除钻清除焊点　　　　（c）砂轮机清除原焊点残留毛刺

图 4-6　焊点的分离

3. 结构件的切割与连接方式

在进行板件局部切割时，一定要选择合适的切割部位及切口走向，这就需要了解这些板件的连接方式，如图 4-7 所示。第一种是有插入件的连接方式，如车门槛板、A 立柱、车身梁等；第二种是交错平接的连接方式，通常又称为偏置对接，一般没有插入件，如 B 立柱和前纵梁等；第三种是搭接的连接方式，主要用于后梁、地板、后备箱地板等。

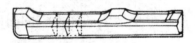

采用有插入件的连接方式的车门槛板

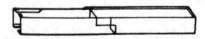

采用交错平接连接方式的前纵梁

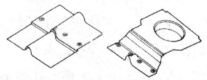

采用搭接连接方式的车身地板

图 4-7　车身板件的连接方式

当遇到采用有插入件的连接板件时，其切割方向应是垂直的，同时注意不要损坏原部件的强度。例如，在对前/后纵梁进行切割时，一定要避开碰撞缓冲的压缩区，同时也要避开前/后纵梁上的孔洞和加强件。在安装时，首先将内插件放置到位，对内插件和连接板件进行塞焊处理，其次用对接焊将连接板件进行封闭处理，但是注意不要将安装的内插件放置在压缩区，这样会使汽车在遭受碰撞后，压缩区吸收碰撞的能力发生改变，从而对乘客安全造成威胁。

当遇到采用交错平接连接方式的板件时，如在连接前纵梁的切割时，可对其交错平接的位置进行连续焊接。

当遇到采用搭接连接方式的板件时，不要切穿任何的加强件，如切割地板时，不要切穿座椅安全带的固定装置。在进行搭接连接时，搭接板件至少要重叠 25 mm。在对重叠区域采用塞焊焊接时，应从上层板向下层板进行焊接，并使用连续焊封闭底边。在进行焊接前的连接时，要注意应使后部地板搭接在前板上，使汽车下部地板的边缘总是指向后方，其目的是让地板的搭接边缘不要迎风，从前向后运动的道路飞溅物会从底部边缘流出而不会迎面撞击。最后还需对焊接部位进行密封防腐处理，防止水及烟尘进入车内，危害乘客安全。

但是在实际车身修复过程中，遇到切割换件时，作业区域通常涉及多种组合连接。例如，分割车身 B 立柱，可能外部板件采用交错平接的连接方式，而内侧板件采用搭接的连接方式。这就需要按照以下步骤进行切割。

（1）粗切割。

以组焊方式连接的车身板件，即使已经去除了焊点或焊缝，有时也不能将板件作为一个整体拆下。如果使用粗切割沿接缝把板件割断，就可以很容易地拆下形状复杂的板件，再进一步完成清除焊点或焊缝操作。

粗切割作业所使用的工具应与切割部位相匹配。使用气动锯切割可以获得整齐的切痕，适用于断面尺寸不大的中板类构件，如门柱、门槛板等；使用气动錾搭配切割錾刀的割断效率较高，适用于切割薄板类构件，如车身壁板、地板、翼子板等；氧乙炔火焰切割虽然具有切割功能强、切断效率高的优点，但热影响区域较大且殃及面积广，适用于对较厚钢板制成件的割断，如地板横纵梁、车架、骨架等。

（2）精切割。

精切割一般使用气动剪或气动锯进行作业，以保证切口的平滑规整。对于平口对接的连接方式，可采用重叠切割法，即在新旧件的重叠部位直接切割，但是使用此方法切割后的切口处会留下较大的接口缝隙。如果对此有较高要求的应采用下列方式进行：先把替换件的断头在最后确定的切换位置处划线并切割下来，并以此为基准，在车身结构件切换处重新划线，然后将结构件沿切割线分割下来，由此可以获得无缝或缝隙很小的平口对接。对于错口对接的连接方式，不但要采用对比划线法，还要利用测量法确定错口的位置，以保证接口质量。对于搭接的连接方式，在精切割时比较容易，只要留出足够的搭接重叠量，即可对原件及替换件分别划线切割。

（3）防撞吸能区的分割。

有些结构件的设计上有皱褶、回旋、波纹、凹痕、凹陷或者孔缝等，这些设计就是为了在撞击时吸收冲击能量。例如，车身纵梁前悬架的前方和后悬架的后方区域就是车身纵梁的防撞吸能区，此设计使车身纵梁在遭遇碰撞时首先在这些部位变形。如果一根车身纵梁遭受了较大的损坏，这根车身纵梁通常将在防撞吸能区被压弯，否则就不可能只是很小的压缩或变形。

在维修过程中需要对前纵梁进行切割时，一定要避开前纵梁防撞吸能区，要按照维修手册中指定的位置进行切割，否则就会改变设计的安全目的，新宝来汽车的前纵梁切割如图 4-8所示。

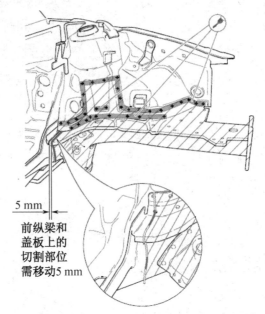

5 mm

前纵梁和
盖板上的
切割部位
需移动5 mm

图4-8　新宝来汽车的前纵梁切割

4.3.2.2　板件分割工具

1．气动磨削工具

在修理厂会大量应用气动工具，因为电动工具的重量大、体积大，所以应用比较少。相比之下，气动工具的重量轻、体积小，能减轻工人劳动强度。气动工具一般采用调速机（高速控制机构）控制，可使工具在工作时更为安全。气动磨削工具主要用于对金属的磨削、切割，油漆层的去除，腻子的研磨等工作，如图4-9所示。

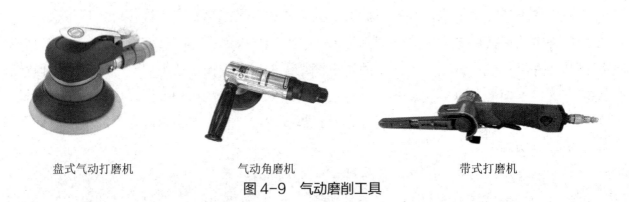

盘式气动打磨机　　　　　　　　气动角磨机　　　　　　　　带式打磨机

图4-9　气动磨削工具

（1）气动打磨机。

气动打磨机一般用于对金属的磨削和腻子层的打磨等操作。气动打磨机具有多种外形结构，适合各种角度操作，体积小，转速高，研磨效率高，噪声低，振动小，具有强力的吸尘效果，长时间使用不易感到疲劳。

① 使用打磨机的操作流程：

● 开机前确认打磨机的构件是否正确连接和安装，并检查气管有无破损；检查打磨片是否上紧；用手拨动打磨片转动是否平顺，是否安装在中心。

- 操作人员应佩戴护目镜、手套、口罩、耳塞。
- 开机后，接通配套的空压机，打开空压机开关，确保转动平顺且无明显晃动。
- 使用时手一定要紧握气动打磨机。打磨的方向应顺应打磨机的运转方向，即由左向右。
- 关闭打磨机，待打磨片停止转动后方可放下。
- 使用后须将打磨机清理干净。
- 定期点检与维护维修。

② 偏心打磨机的使用方法：

- 使用时，先把打磨片在打磨盘上粘贴固定好，右手握稳偏心打磨机开关把柄，拇指控制开关，左手握紧偏心打磨机上部圆形头。
- 把偏心移至打磨处，要使打磨片与修复面紧密贴合，然后左手用适当力压紧，作用力主要产生在偏心打磨机打磨盘外沿上。
- 按下开关，使打磨机在需要打磨的区域内移动。打磨片要在与打磨面贴合的状态下转动。
- 偏心打磨完毕后，先放开开关，待偏心完全停止转动，然后使偏心与打磨面脱离开。

（2）气动角磨机。

气动角磨机适用于钣金旧漆、铁锈的去除，不伤板件表面。气动角磨机配 4 寸黑金刚打磨片、砂纸或砂碟，最大转速为 12 000 转/分，工作气压为 6～7 bar，进气口径为 1/4 英寸。

气动角磨机的使用要求：

- 穿戴好安全防护用品，然后连接气源并打开开关，检视气动角磨机是否完好。
- 戴好手套，然后轻轻地摸一遍待打磨的表面，以便决定如何进行打磨。
- 握紧气动角磨机，打开开关并将其以大约 5°～10°角移向待加工表面。
- 使气动角磨机向右移动，让打磨头左上方的 1/4 对准加工表面。

（3）带式打磨机。

带式打磨机砂带条的更换方法如图 4-10 所示。

步骤 1：向后挤压打磨头　　步骤 2：松下旧砂带并换上新砂带　　步骤 3：压下打磨头固紧弹簧

图 4-10　带式打磨机砂带条的更换方法

2. 气动切割工具

车身维修中常用的气动切割工具有气动锯和气动钻等。

（1）气动锯。

如图 4-11 所示的是气动锯的一种——气动往复式切割锯，用于金属（钢板、塑料件、铝板）结构件、外部面板的分割。

图 4-11　气动往复式切割锯

气动锯的操作安全：

- 在使用气动锯前应检查设备是否完好，如有损坏应立即更换。
- 锯片应确保安装正确稳固，防止在切割过程中飞出。
- 待切割板件应固定稳固，防止在切割过程中因固定不稳固导致板件飞出，对他人造成伤害。
- 切割产生的毛边严禁用手直接清理，应使用专用的工具清理。
- 切割时应佩戴好个人防护用具。

（2）气动钻。

如图 4-12 所示，气动钻以压缩空气作为动力，驱动马达旋转达到钻孔目的。切开焊点时，钻机应固定在焊接的地方，利用钻头将焊点切除。

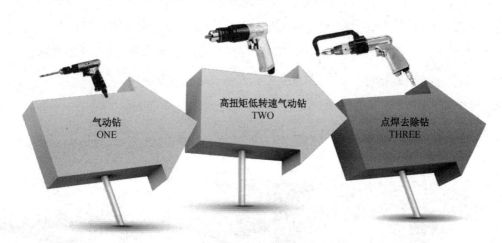

图 4-12　气动钻

气动钻的操作安全：

- 使用前检查工具是否损坏。
- 确保钻头安装稳固且没有松动。
- 严禁使用棉纱手套进行钻除作业，避免在钻头转动过程中将棉纱手套线头卷进机器中。
- 待钻孔的板件应固定稳固，避免在钻孔过程中发生转动，造成意外伤害。
- 在钻孔前应先在被钻位置用中心冲打定位点，以防止钻孔时钻头打滑，避免发生事故。

- 严禁用手直接清理钻孔时产生的钻屑，应使用专用的工具清理。
- 定期对钻机进行维护检查。
- 在钻孔过程中，要间接性钻孔或使用切削油降温，以免钻孔过快导致钻机温度过高，从而发生事故。

4.3.2.3 工作页

1. 在分割时特别要考虑车辆的特殊设计，如_____、_____、制造时的_____及理想的分割区域等。

2. 车身板件按以下原则选择切换的位置：_____、_____、_____、_____。

3. 整体式车身结构件中的基本类型：_____、_____。

4. 结构件分割有三种基本的连接类型：_____、_____、_____。

5. 为什么不允许任意切割结构件？

_____

_____

6. 防撞吸能区的分割：在维修过程中需要对前纵梁进行切割时，一定要避开_____，要按照_____进行切割，否则就会改变设计的安全目的。

7. 常用的分离工具有：_____、_____等。

8. 根据所学知识，辨别下列板件分割工具，熟悉其操作流程及应用范围，完成下列表格。

图示	名称	操作流程	应用范围
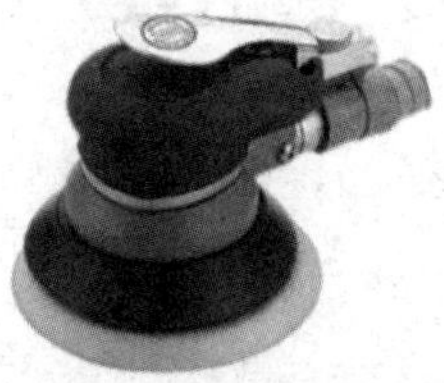			

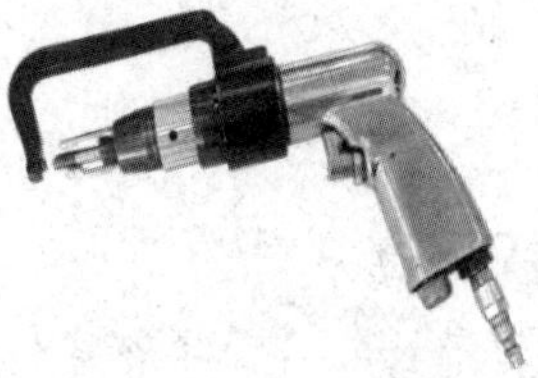			

4.3.3　车身焊接

4.3.3.1　电阻点焊

1. 电阻电焊的工作原理

电阻点焊属于压接焊中的电阻焊接类，是将被焊工件压紧于两电极之间，并利用电流流过焊接区域所产生的电阻热将其焊接部位加热到局部熔化或高温塑性状态，使之形成金属结合的一种方法。电阻点焊是一种高速的、使用便捷的、经济的（除了初始设置和维护，无实际成本）连接方法。在汽车生产制造和售后维修过程中，电阻点焊是应用最广泛的连接技术，也是目前钢制车身的主要连接工艺。

电阻点焊利用电极臂传递低电压、高电流的电量，因接合钢板间（间隙）的高电阻使之产生高热，并加以压力使之接合。为将电能转化为热能，在此利用钢板接触电阻，点焊电极的任务是传输焊接电流和施加电极压力，这种焊接连接方法叫点焊。凝固后焊接部分称为点焊熔核。

电阻点焊机是通过加热电流来焊接材料的，焊接的三个步骤分别为加压、加热焊接和保持时间。每个步骤都很重要，但受钢材种类及要执行电阻点焊的接头配置的影响。

（1）加压。

● 两个金属件之间的焊接机械强度与焊炬电极施加在金属件上的力有直接的关系。当焊炬电极将金属件挤压在一起时，电流从焊炬电极流入母材金属，使金属熔化并熔合在一起。

● 焊臂电极压力过大会产生飞溅物，且压入金属软化部分多，从而导致金属板变薄和出现裂纹，造成焊接质量降低。

● 焊臂电极压力太小会引起焊点过小，导致金属欠熔合或不熔合，从而降低焊接部位的机械强度。

● 如图4-13所示，压痕深度不应超过薄片金属厚度的20%，大于这个值将导致金属强度降低，并可能因电极嘴的淬火作用导致按压点周围出现裂缝。

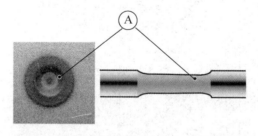

图4-13　电阻点焊焊点的压痕深度

● 建议该压力最高为500 daN。

（2）加热焊接。

● 执行一个典型的单脉冲焊接时，电流会通过初始点连接到焊接部位。

● 由于表面存在氧化物材料，电流会通过氧化物表层生成的峰值流动，在两个峰值之间造成焊接不牢固。

● 在双脉冲点焊过程中，第一个脉冲会去除表面氧化物，从而使焊接更牢固。

材料在焊接过程中金属件夹层内壁有锌粉漆或结构胶存在，基于电阻点焊的特点，在焊接一瞬间温度过高的铁水和胶混合在一起会影响焊接强度。可先用低电流破除锌粉漆或结构胶使其挥发掉再进行第二次高电流的焊接。

建议设备电流能达到 12 000 A。控制焊接时间非常重要，如果时间过长，焊接区域中的母材可能超过材料的熔点（并可能超过沸点），进而出现气孔，还有可能从焊接区域飞出熔化微粒，从而减小焊接区域的截面并削弱焊接效果。

（3）保持时间。

● 电流停止后，熔化的部位开始冷却，电极头压力保持到金属凝固，凝固的金属形成圆而平的焊点。

● 点焊的形成也和电流流过的时间有关。当电流时间延长时，所产生的热量增加，点焊直径和焊接熔深随之增大。焊接部位散发出的热量随着通电时间的延长而增加。

2．电阻点焊机的设备组成

电阻点焊机的设备组成如图 4-14 所示。例如，电源开关：控制设备的启动与关闭；气压表：调节气压的大小；冷却单元：添加设备中冷却液；控制面板：焊接时调节电流与时间；焊钳（电极臂）：焊接板材应用；电极头：焊接板材位置。

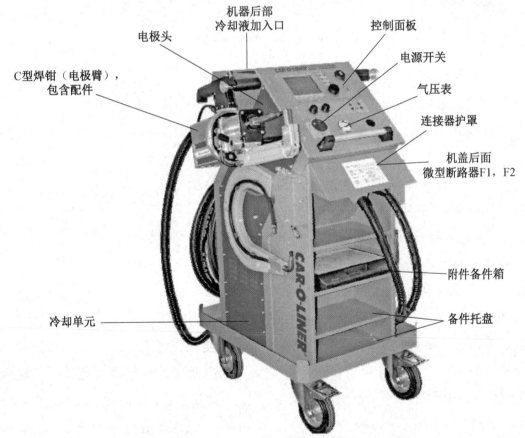

图 4-14　电阻点焊机的设备组成

（1）控制面板

如图4-15所示，控制面板的主要功能是在完成点焊作业时，将焊接参数输入点焊控制程序，进行焊接电流控制及焊接系统故障自诊断，并根据实际车身维修板件的厚度、材质、接头大小等进行调试。

焊接板材的厚度选择：大部分智能焊机的时间和电流无须调试，设备会自动匹配。选择焊接单脉冲点焊或者双脉冲点焊，一般胶粘板件建议选择双脉冲点焊，可获得更好的焊接品质。

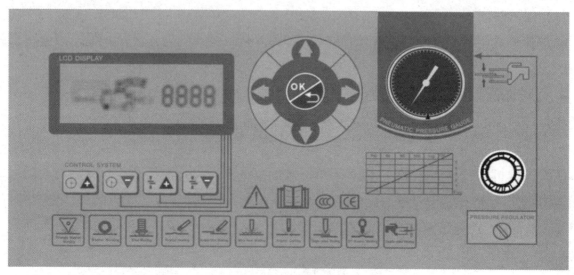

图4-15　控制面板

- 手动 - 焊接电流 - 焊接时间 - 夹紧力 - 臂的类型
- 标准模式（半自动）- 板材厚度或接头厚度 - 钢材类型 - 电极臂长度
- 多板材模式（全自动）- 板材厚度 - 钢材类型选择焊接材料，普通钢或者高强度钢

（2）电极臂（焊钳）。

- 电极臂提供C形或X形（剪式）配置，如图4-16所示。
- 应根据需要焊接的部位来选择电极臂。
- 为了获得更好的焊接效果应调整电极臂，将其尽量缩短。
- 要将电极臂和电极头完全紧固。
- 铜质和铝质为电极臂的首选。
- 电极臂为水冷式，应确保减少热量积聚，保持端头轮廓。

电阻点焊机的电极臂提供C形或X形（剪式）配置。在使用120 mm（4.7英寸）的焊枪夹时，两种类型的电极臂均符合5 000 N的电极头压力要求。如果需要更长的电极臂来完成焊接，此时由于电极臂的加长，X形焊枪电极头压力会减小。例如，长度超过300 mm（11.8英寸）的电极臂将大约拥有1 000 N的压力。C形电极臂装配的焊枪夹无论长度为多少，都不会对端头压力造成影响。

C 形电极臂   X 形电极臂

图 4-16　电极臂的类型

（3）电极头。

● 电极头的主要作用是向工件传导电流，向工件传递压力，分散焊接区域部分热量等。由于电极的端面直接与高温的工件表面接触，因此电极头除了具有优良的导电、导热能力，还具有承受高温和高压的能力。

● 建议电极头的形状为圆形，类似制造时使用的电极头。这些电极头将产生最佳的点焊焊点轮廓。

● 焊点电极头是以铜金属——磷脱氧铜为主要元素，另加入合金如铬、银、铍、镉等而制成的。

● 电极头的直径大小取决于焊接板材的厚度大小，如果电极头部太尖，则焊接压力集中，焊接电流低下，因此会在焊接处留下很深的焊痕。反之，电极头部太平、直径较大时，则需要较大的焊接压力。

3．电阻电焊的安全操作

● 电阻点焊时注意高压危险。

● 电阻点焊的夹头压力非常大，严禁将手伸到点焊夹头之间，防止发生事故。

● 确保室内通风并安装有抽排风装置，防止发生事故。

● 不要在潮湿的区域进行焊接操作，必要时使用绝缘垫，防止发生事故。

● 在蓄电池周围进行焊接和打磨工作前应取下蓄电池，防止发生事故。

● 在焊接工作过程中，使用必要的防护设施，如使用防火毯保护车辆，避免焊接屑飞溅，发生事故。

● 请勿在可燃气体附近焊接，以免发生火灾。

● 需要移除维修区域相邻的电子部件，以防发生事故。

● 身体中置入心脏起搏器、钢板的人员禁止操作此设备。

4．焊接设备维护

（1）焊枪维护（如图4-17所示）。

● 检查焊枪导水管，如果有堵塞，必须及时更换水管。

● 检查焊臂固定螺栓是否固定牢靠，如发现松动应及时固定螺栓。

● 检查电极头表面是否氧化，如发现氧化应及时使用百洁布清洁电极头。

● 检查电极头是否为水平状态，如歪斜应及时调整到水平状态。

● 检查电极头是否磨损严重，如磨损严重应及时更换电极头。

图4-17　焊枪维护

（2）水箱维护（如图4-18所示）。

● 检查水箱中冷却水的含量，如果含量过低应及时补充冷却水。

● 检查水箱中水泵是否正常工作，如果无法正常工作应及时更换或维修。

图4-18　水箱维护

（3）气压调节器维护（如图4-19所示）。

● 检查气压调节器是否正常工作，如无法正常工作应及时更换。

● 检查气压调节器是否有水残留，如残留应及时排除残留水。

● 1～6 mm 范围钢板，气压一般在 6 bar 左右。

（4）控制面板维护（如图4-20所示）。

● 检查控制面板是否能够正常工作，如果无法正常工作应及时更换或维修。

● 检查控制面板是否有油污，如果发现油污，应使用酒精擦拭，保持其清晰度。

图 4-19　气压调节器维护

图 4-20　控制面板维护

5．电阻点焊焊接的质量要求

（1）焊接质量要求。

熔核：焊点直径即熔核尺寸，不包括熔核周围的热影响区，建议熔核尺寸为 $\sqrt{T_1} \times 3.35 \times 1.15$

（T_1 代表最薄板材的厚度），熔核示意图如图 4-21 所示。

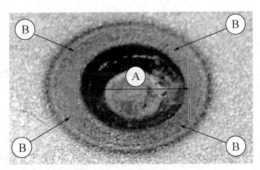

A—熔核区域　　　B—热影响区
图 4-21　熔核示意图

（2）焊接缺陷分析。

① 熔核出现裂缝。

产生原因：焊枪端头压力过小且持续时间较短。

解决方法：调试合适压力，并进行试焊。

② 焊点过小。

产生原因：焊接电流过小，焊接时间过短，焊钳压力太大。

解决方法：调试合适压力、电流、焊接时间并进行试焊。

③ 表面气孔。

产生原因：电极头脏污，板件接触面有污垢、油脂。

解决方法：保持电极头及板件清洁干净。

④ 表面喷溅。

产生原因：金属被污染，电流过大，焊接时间过长及电极头磨损变形。

解决方法：适当缩短焊接时间，并进行试焊。

⑤ 面板过热。

产生原因：板件安装不当，电流过高，焊接时间过长。

解决方法：板件夹紧不留缝隙，调节电流与焊接时长。

⑥ 点焊板件超出金属表面（如图 4-22 所示）。

产生原因：电流、电压过高或电极头与板件错位，即它们之间的角度非 90°。

解决方法：调试合适电流或电压，调节电极头与板件之间的角度为 90°，即垂直状态。

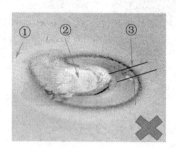

图 4-22　点焊板件超出金属表面

4.3.3.2　气体保护焊

现代车身中的纵梁、横梁、立柱等结构件都是由高强度的钢或超高强度的钢制造的。惰性气体保护焊（MIG）在焊接整体式车身上的高强度钢板方面比其他常规焊接方法更适合，当今汽车上使用的新型高强度钢不能用氧乙炔或电弧焊进行焊接，而广泛应用惰性气体保护焊。

1．惰性气体保护焊的原理

惰性气体保护焊是指用一根焊丝，以一定的速度自动送进，在板件和焊丝之间出现电弧，电弧产生的热量使焊丝和板件熔化，将板件熔合连接在一起。在焊接过程中，惰性气体对焊接部位进行保护，以免熔融的板件受到空气的氧化。惰性气体的种类由需要焊接的板件而决定，钢材都用二氧化碳（CO_2）或二氧化碳和氩气的混合气作为保护气体。而对于铝材，则根据铝合金的种类和材料的厚度，分别采用氩气或氩、氮混合气体来进行保护。如果在氩气中加入 4%～5% 的氧气作为保护气，就可以焊接不锈钢。

2．焊机的设备组成

（1）焊机结构（如图 4-23 所示）。

● 电源开关。

● 电流调节。

● 送丝速度调节。

● 焊接时间调节。

● 焊枪接口。

● 搭铁线接口。

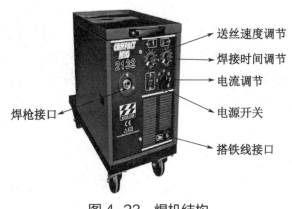

送丝速度调节

焊接时间调节

电流调节

电源开关

焊枪接口

搭铁线接口

图 4-23　焊机结构

（2）气瓶固定装置（如图 4-24 所示）。

● 焊机背部用于放置气瓶。

● 放置气瓶时必须使用链条固定，可防止用机器拖拽时气瓶不稳出现安全事故。

（3）送丝机构（如图 4-25 所示）。

● 送丝机构主要由送丝主动轮、送丝从动轮及压紧装置组成。

● 送丝机构用于对焊丝的推送速度进行调控。

图 4-24　气瓶固定装置

图 4-25　送丝机构

（4）压紧装置。

如图 4-26 所示，送丝轮所施加的压力对送丝的稳定性影响明显，压紧大小由压紧调整螺钉的松紧程度所决定，若压力过大，则送丝力大，当焊丝前端在软管中受阻或与导电嘴烧结时，送丝轮仍在送丝，这样在送丝轮和软管后端之间就会产生打结。若压紧力过小，则送丝力偏小，容易产生打滑现象，造成送丝速度快慢不均，影响焊接过程。

图 4-26　压紧装置

（5）焊枪。

如图 4-27 所示，焊枪的主要作用就是导电、导丝、导气。焊枪是指焊接过程中执行焊接操作的部分，是用于气焊的工具，形状像枪，前端有喷嘴，以喷出的高温电弧作为热源。它使用起来灵活、方便又快捷且工艺简单。

（6）气表（如图 4-28 所示）。

- 高压表头：用于显示气瓶压力。

- 气体流量计：用于提示焊接作业时的气体流量，单位为 L/min。

- 流量调节阀：用于精准地控制气体流量，以保证焊接质量。

- 加热器：其作用是防止瓶阀和减压器冻坏或气路堵塞，气表电压为 36 V，电源插头可直接插在焊机上，切勿直接插到其他电源上。

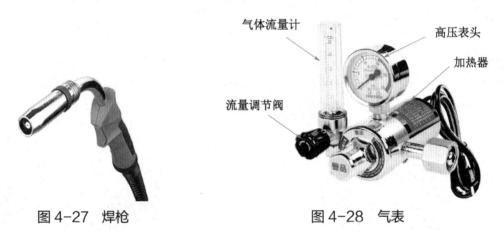

图 4-27　焊枪　　　　　　　　图 4-28　气表

3．焊接参数

（1）焊接电流。

- 电流可以直接影响焊接的质量，电流的大小是根据板件的厚度来决定的，大电流容易使薄板件烧穿，小电流却达不到熔深的效果。

- 焊接的电流大小也会影响板件的焊接熔深、焊丝的熔化速度、电弧的稳定性、焊接溅出物的数量。随着电流强度的增加，焊接熔深和焊缝宽度也会增大。

（2）电弧电压。

- 当电弧电压适当时，能够获得良好的焊接效果。

- 若电弧电压升高，电弧长度则随之增长，将导致熔宽变大，熔深变小。

- 若电弧电压降低，电弧长度则随之缩短，将导致熔深变大，焊渣量增多，焊珠变高。

（3）气体流量。

- 当带正极电的焊线碰触钢板时，会发生短路现象而产生高热。这时高热区域的空气中，氧分子瞬时活跃，且易与铁分子结合，形成氧化铁而脆化，因此需要隔离焊接区域的氧分子，以保障焊接品质。

- 目前使用的标准气体流量是焊丝直径的 10 倍左右。

（4）送丝速度。

● 送丝速度与电流大小呈正比关系。

● 电流增大，相应的送丝速度应调快；电流减小，相应的送丝速度要调慢。

● 电流与送丝相匹配最佳的状态会在焊接时发出"吱吱"的声音。

（5）电极与板材的距离（如图 4-29 所示）。

● 一般标准距离为 8～15 mm。

● 若距离太大，则焊线的熔化速度会变快，这是因为焊线的凸出长度过长，而过长的部分产生预热，因此电流流通量将减少，降低焊珠熔深。距离过大也会降低保护气体的隔离效果。

● 如果距离太小，操作者将很难看到焊接区域，影响焊接质量。

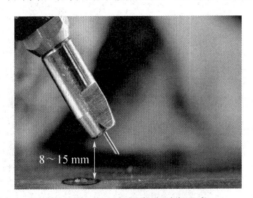

图 4-29　电极与板材距离

（6）焊枪角度。

● 焊枪角度一般建议为垂直倾斜 10°～30°，确保焊接人员能清楚地看到焊接位置。

● 如果单纯考虑焊接的最佳质量，建议以垂直 90°的方式进行焊接。

（7）焊接速度。

● 速度过慢：焊料堆积，熔深大且板件受热影响大。

● 速度过快：焊道不成形，熔深不足，结合不良。

● 速度适中：焊道均匀，热量适中，熔深适当。

4．气体保护焊的基本焊接方法

（1）对接焊（如图 4-30 所示）。

对接焊是将两个相邻的金属板边缘安装在一起，沿着两个金属板相互配合或对接的边缘进行焊接的一种方法。进行车身薄板对接焊时必须注意，每次焊接的长度最好不超过 20 mm。要密切注意金属板的熔化程度及焊丝和焊缝的连续性情况，还要注意焊丝的端部不可偏离金属板间的对接处。如果焊缝较长，最好在金属板的若干处先进行定位焊（连续点焊），采用分段跳跃式焊接，以防止金属板变形。在焊缝的终点前面距离很近的地方产生电弧，然后立刻将焊枪移动到焊缝的起点处。在焊接过程中，焊缝的宽度和高度将保持一定。

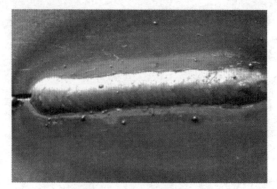

图4-30　对接焊

● 连续点焊的焊接热量相对较小，更适合薄板焊接，如更换后侧围、A柱外板、B柱外板，亦可用于结构件焊接，如前/后纵梁的更换维修等。

（2）搭接焊。

搭接焊是指在需要连接的几个相互依次重叠的金属板的上表面的棱边处将两个金属表面熔化。这种操作方法与对接焊类似，不同的是对接焊的上表面只有一个棱边。搭接焊只能用于修理原先在制造厂进行过这种焊接的地方，或用于修理外板和非结构性的金属板。当需要焊接的金属多于两层时，不可采用这种方法。在进行搭接焊操作时，应采用对接焊中所使用的温度控制方法，按照能使焊接部位自然冷却并预防温度上升的顺序进行焊接，不能连续进行焊接，搭接焊接的顺序如图4-31所示。

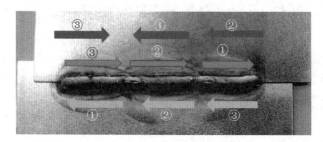

图4-31　搭接焊接的顺序

（3）塞孔焊（如图4-32所示）。

● 塞孔焊应用于外部板件及结构件的结合，其孔焊一般分为6 mm和8 mm。

● 售后维修时，电阻点焊焊不到的位置可使用塞孔焊替代。

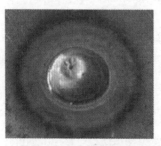

图4-32　塞孔焊

5．惰性气体保护焊的焊接位置

（1）平焊。

平焊指焊接处在水平位置或倾斜角度不大的焊缝，焊条位于工件之上，焊工俯视工件所进行的焊接工艺。这种焊接属于焊接的所有位置中最容易焊的一个。

（2）横焊。

横焊是指沿接头由左向右或由右向左进行的焊接工艺。焊缝倾角 0°、180°的焊接位置，称为横焊位置。

（3）立焊。

立焊是指沿接头由上而下或由下而上进行的焊接工艺。焊缝倾角 90°、270°的焊接位置，称为立焊位置。

（4）仰焊。

仰焊是指焊接中焊接位置处于水平下方的焊接工艺。仰焊是四种基本焊接位置中最困难的一种。由于熔池在焊件下面，焊条熔滴金属的重力会阻碍熔滴过度，熔池金属也受自身重力作用下坠，熔池体积越大温度越高，则熔池表面张力越小，故仰焊时焊缝背面容易产生凹陷，正面焊道出现焊瘤，难以形成焊道。

6．焊接的安全操作

● 在进行气体保护焊之前，应确保环境干燥，人与机器工件之间绝缘，防止发生事故。

● 确保室内通风并安装有抽排风装置，以防焊烟中毒。

● 在焊接工作过程中，使用必要的防护设施，如使用防火毯保护车辆，避免焊接屑飞溅，发生事故。

● 在焊接前需要对车身进行断电操作，具体的断电操作方式应严格遵循该车的维修手册说明，避免发生事故。

● 非专业人员禁止拆卸焊机罩，以免发生事故。

● 在更换焊丝、气瓶时应先关闭电源、关闭气瓶阀门，防止发生事故。

● 请勿在可燃气体附近焊接，以免发生火灾。

● 严禁以牵拉焊枪电缆的方式移动送丝轮。

● 焊接时要使焊枪电缆保持顺直状态，延长电缆不能弯曲使用。

7．焊接技巧

（1）定位焊的焊接技巧。

● 定位焊焊点之间距离保持 15～30 倍的板材厚度。

● 板与板之间的缝隙应和板材厚度一致。

（2）对接焊的焊接技巧。

● 连续焊接：开关从开始焊接到结束焊接都处于开通位置，此种方式焊接热影响较大，不适用于焊接较薄的钢板。

● 连续点焊：焊道呈鱼鳞状，有冷却时间，此种焊接方式可以降低焊接热量，所以适合焊接较薄的车身钢板。

（3）6 mm 塞孔焊的焊接技巧（如图 4-33 所示）。

● 从圆心起弧，直至填满。

● 当铁水覆盖孔洞时即可收枪。

（4）8 mm 塞孔焊的焊接技巧（如图 4-34 所示）。

从孔的边缘开始焊接，以旋转的方式进行连续焊接，直至填满。

图 4-33　6 mm 塞孔焊

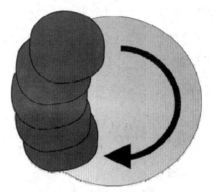

图 4-34　8 mm 塞孔焊

8．焊接的质量要求与缺陷分析

（1）焊接的质量标准。

① 对接焊（如图 4-35 所示）。

● 正面高度：宽度 4～7 mm，高度不大于 3 mm。

● 背面熔透：宽度最小 1 mm，最大不超过 3 mm。

● 没有气孔、烧穿、未熔透、严重热变形等焊接缺陷。

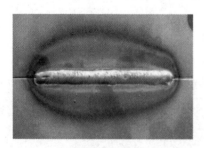

正面焊道

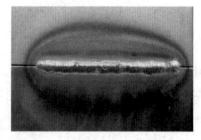

背面熔深

图 4-35　对接焊

② 塞孔焊（如图 4-36 所示）。

● 正面高度：正面直径大于孔径 1 mm，高度不大于 3 mm。

● 背面熔透：宽度最小 0.5 mm，最大不超过 1.5 mm。

● 没有气孔、烧穿、未熔透、严重热变形等焊接缺陷。

焊接正面

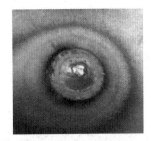

背面熔深

图 4-36　塞孔焊

（2）焊接的缺陷分析。

① 气孔（如图 4-37 所示）。

造成气孔的原因如下：

- 板件表面不干净。

- 保护气体不足。

- 焊接手法不正确。

② 未熔透（如图 4-38 所示）。

造成未熔透的原因如下：

- 电流太小。

- 送丝速度过慢。

- 焊接速度太快。

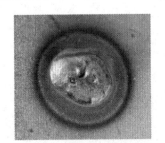

图 4-37　焊接缺陷——气孔

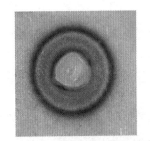

图 4-38　焊接缺陷——未熔透

③ 烧穿（如图 4-39 所示）。

造成烧穿的原因如下：

- 焊接速度太慢。

- 电弧在焊缝处停留的时间过长。

- 焊枪角度不对。

- 焊接时走枪幅度太大。

- 电流太大。

④ 焊渣过多（如图 4-40 所示）。

造成焊渣过多的原因如下：

- 保护气体不足。
- 焊枪口堵塞。
- 板件表面不干净。
- 送丝速度过快。

图 4-39 焊接缺陷——烧穿

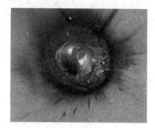

图 4-40 焊接缺陷——焊渣过多

⑤ 焊道不规则（如图 4-41 所示）。

造成焊道不规则的原因如下：

- 焊接手法不稳。
- 焊接姿势不正确。
- 电极头磨损严重。

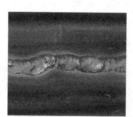

图 4-41 焊接缺陷——焊道不规则

4.3.3.3 工作页

1. 电阻点焊的工作原理：_____。

2. 电阻点焊机通过加热电流焊接材料，焊接的三个步骤分别为_____、_____、_____。

3. 焊臂电极压力过大会_____，压入_____，导致_____，降低焊接质量。

4. 焊臂电极压力太小会_____，导致_____，降低焊接部位的_____。

5. 电阻点焊机设备组成：_____、_____、_____、_____、_____、_____。

6. 电极头的直径大小决定于_____，如果电极头部太尖，则焊接压力_____，焊接电流_____，因此会在焊接处留下_____。反之，电极头部太平、直径较大时，则需要_____。

7. 电阻点焊机焊枪的维护事项：_____

_____

8. 根据下列表格中的图示，进行电阻点焊焊接质量评估，并完成表格。

焊接缺陷图示	缺陷名称	产生原因	解决办法

9. 气体保护焊的原理是什么？

_____

_____

10. 惰性气体保护焊的焊机组成：_____、_____、_____、_____、

_____、_____等。

11. 气体保护焊接参数：_____、_____、_____、_____、

_____、_____等。

12．焊枪角度一般建议为垂直倾斜_____，确保焊接人员能清楚地看到焊接的位置。如果单纯考虑焊接的最佳质量，建议以_____的方式进行焊接。

13．焊接速度过慢：_____；焊接速度过快：_____；焊接速度适中：_____。

14．车身焊接过程中气体保护焊的基本焊接方法：_____、_____、_____等。

15．惰性气体保护焊的焊接位置分为_____、_____、_____、_____。

16．定位焊焊点之间距离保持_____倍的板材厚度。

4.3.4　车身覆盖件的更换

视　频
板件更换作业

车身外部金属薄板的连接有些采用紧固件，如翼子板等部件的安装，即采用了紧固件，既简单又快捷。为了正确对中，在紧固螺栓前需要检查和测量相接及相邻的板件。当存在螺栓孔与新件的螺栓孔不同心、板件之间的缝隙不均匀整齐等问题时，要及时调整或校正相关联的板件。

车身上大部分板件采用的是焊接连接，焊接更换新件时要求做大量的准备工作，要小心地校正。下面介绍板件更换典型的操作过程。

4.3.4.1　钢制后侧围更换的流程

1．损伤部位确认（如图 4-43 所示）

● 评估车辆外板、装配件、车辆内饰的损伤和安装情况。

● 如果损伤延伸至车架，则需要进行校正。

● 检查车门缝隙、打开和关闭情况、车身密封胶是否破裂。

图 4-43　损伤部位确认

2．拆卸配件（如图 4-44 所示）

● 拆下受损区域的装配件。

● 拆下会妨碍替换作业的装饰件、保险杠、尾灯和玻璃。

3．拆卸并修整车身

（1）拆卸外板（如图 4-45 所示）。

● 加热去除密封胶层，识别面板焊点位置。

- 去除车身焊点，切勿伤及车身保留板。
- 拆除车身冲压铆钉。
- 依照维修系统规定位置对外板进行标注并切割。
- 取下后侧围外板。

图 4-44　拆卸配件　　　　　　　图 4-45　拆卸外板

（2）车身修整（如图 4-46 所示）。

- 打磨去除车身上的焊接疤痕和接合面上的划痕。
- 维修车身接合面上的不平整和弯曲，使新件与车身接合面的曲线紧密接合。
- 研磨接合面上残留的毛边与旧漆层，将所有接触区域制成明亮（裸露）的金属表面。
- 使用清洁剂对车身接合面进行清洁。
- 新面板的非接合区域应保留电镀层底漆。

图 4-46　车身修整

4．新件准备

如图 4-47 所示，根据旧件尺寸切割新件并保留合适尺寸。

- 针对无法进行电阻点焊的位置进行打孔，制作塞焊孔。
- 塞焊孔：$\phi 6.0$ mm，间距 30 mm。
- 打磨去除新件毛刺和所有接合面的旧漆层。
- 使用清洁剂清洁所有接合面。

5．板件比对定位

（1）新件组装定位（如图 4-48 所示）。

- 临时装配新件定位。
- 预固定车身与新件，使其贴合。

图 4-47　新件准备

图 4-48　新件组装定位

（2）定位新件后切割（如图 4-49 所示）。

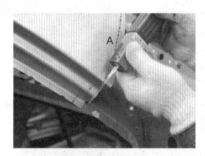

（a）沿切割部位的标记线切割　　　　　　　　（b）使车辆侧钢板和新钢板重叠，然后切割

图 4-49　定位新件后切割

6. 配件组装检查（如图 4-50 所示）

查看整体外观
检查整体组装后车
身板面线条是否顺畅

装配后尾灯
对比左右后尾灯
间隙尺寸

装配后车门
使用标准尺寸
数据进行对比

图 4-50　配件组装检查

7. 组装前准备

（1）固定标记（如图 4-51 所示）。

● 将预固定比对的新件从车身上拆下。

● 根据维修手册指定电阻点焊位置进行标记。

● 根据维修手册指定冲压铆接位置进行标记。

（2）施涂锌粉漆。

● 根据维修手册指定焊接内接合面喷涂可焊透的锌粉底漆。

（3）施涂结构胶。

● 根据维修手册指定焊接内接合面施涂结构胶。

（4）施涂隔音泡沫胶（如图 4-52 所示）。

● 根据维修手册指定施涂隔音泡沫胶。

● 因为锌粉漆、结构胶、膨胀泡沫胶的可操作时间不同，所以操作流程顺序不能颠倒。

图 4-51 固定标记

图 4-52 施涂隔音泡沫胶

8. 新件组装

（1）新件安装（如图 4-53 所示）。

● 将新件安装到车身上，并调整到合适位置及尺寸。

● 使用大力钳将新件加紧且固定到位。

（2）定位焊（如图 4-54 所示）。

● 将新件与车身的接口位置进行定位焊接。

● 将突出焊点进行磨除。

图 4-53 新件安装

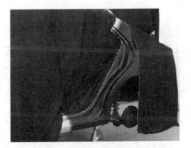

图 4-54 定位焊

（3）焊接、铆接（如图 4-55 所示）。

● 在预先标定位置进行电阻点焊。

● 在预先打孔位置进行塞孔焊。

● 在预先标定位置进行冲压铆接。

● 对定位焊位置进行连续缝焊。

● 清理作业区域：打磨焊道、打磨塞孔焊位置，并清理焊渣。

图 4-55　焊接、铆接

9．防腐处理（如图 4-56 所示）

● 对车身修复区域进行密封防锈处理。

● 对修复区域中裸露的金属位置喷涂环氧底漆。

● 根据维修手册对修复区域施涂车身密封胶。

● 在车身修复焊接区域的背面喷涂空腔防腐蜡。

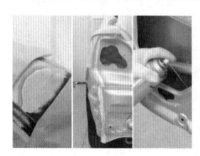

图 4-56　防腐处理

4.3.4.2　工作页

1．车身损伤部位的确认方法：_____

_____。

2．拆卸外板方法及注意事项：_____

_____。

3．车身板件在更换时应注意：_____

_____。

4. 在更换板件时，新件应当：_____

_____。

5. 板件防腐处理方法有：_____

_____。

4.3.5 车身结构件的更换

4.3.5.1 车身上结构性板件更换的要求

结构性板件是其他车身零部件和车身外部板件的安装基础。因此，更换结构性板件后，其定位的精确性，决定了所有外形的配合和悬架装置的准确性。焊接前的新件必须精确定位后才能进行焊接操作。

修理结构性板件时，若需要切割或分割板件，必须遵照制造厂的建议。所有制造厂家都强调：不要割断可能降低乘客安全性的吸能区域、降低汽车性能的区域或者影响关键尺寸的地方。下面以侧围 B 柱板件为例，详细介绍其更换流程。

4.3.5.2 车身侧围 B 柱的更换流程

1. 损伤部位确认（如图 4-57 所示）
- 评估车辆外板、装配件和车辆内饰的损伤和安装情况。
- 判断损伤延伸情况，制订维修方案。
- 检查车门缝隙、打开和关闭情况、车身密封胶是否破裂。

2. 拆卸受损配件（如图 4-58 所示）
- 拆下受损区域的装配件。
- 拆下会妨碍替换作业的装饰件、保险杠等。

图 4-57 损伤部位确认

图 4-58 拆卸受损配件

3. 事故车上架（如图 4-59 所示）

选择合适的模具，按照车身底盘的数据图，固定在合适的位置并加紧，将车身牢牢固定在校正台上，这样在拉伸时可起到支撑作用。

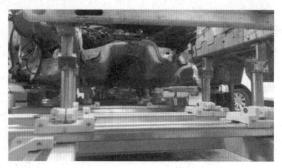

图 4-59　事故车上架

4．初步拉伸（如图 4-60 所示）

按照与输入力相反的方向，在碰撞区域进行拉伸，来消除车辆碰撞中产生的变形（塑性变形）和车身储存残余应力。

图 4-60　初步拉伸

5．拆卸受损部件（如图 4-61 所示）

侧围 B 柱外板

侧围 B 柱加强板

图 4-61　拆卸受损部件

（1）拆卸侧围 B 柱外板（如图 4-62 所示）。

● 切割线：

a 约 220 mm，从前部第二个槽型孔中心向后；

b 约 300 mm，从后部第一个槽型孔中心向前；

c 约 400 mm，从顶端后部第二个槽型孔中心向前；

d 约 10 mm，从侧围外板顶部边缘向下；

e 约 400 mm，从车顶前部边缘向后。

● 打开标注的切割线。

注意事项：切割时，切勿伤及车身，要保留板。

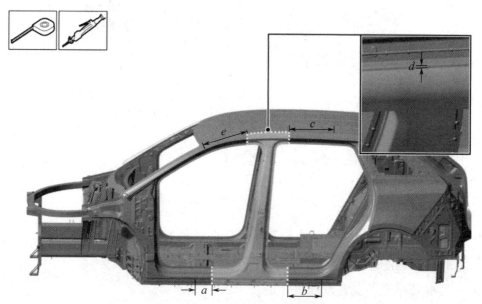

图 4-62　拆卸侧围 B 柱外板

● 打开区域①和②内的焊点（如图 4-63 所示）。

注意事项：去除焊点时，切勿伤及车身，要保留板。

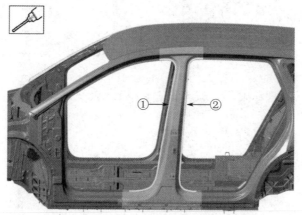

图 4-63　打开区域①和②内的焊点

● 打开区域①、②、③内的胶粘铆接（如图 4-64 所示）。

● 取下侧围 B 柱外板部分。

注意事项：加热时温度勿超过 180℃。

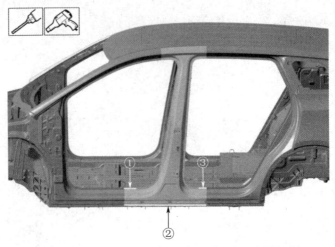

图 4-64　打开区域①、②、③内的胶粘铆接

（2）拆卸侧围 B 柱加强板（如图 4-65 所示）。

● 打开该区域内的连接。

● 打开区域①内的胶粘点焊。

● 打开区域②内的 FDS 自攻钉连接。

● 取下侧围 B 柱加强板。

注意事项：加热时温度勿超过 180℃。

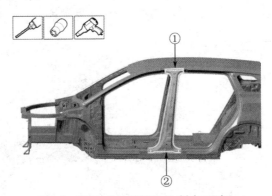

图 4-65　拆卸侧围 B 柱加强板

6．新件准备

（1）车身损伤部位处理（如图 4-66 所示）。

● 清除铆钉残留物。

● 清除旧胶。

● 去除板件待连接区域表面的焊点痕迹、油漆和锈斑等，直至裸金属。

● 整平板件相配合的凸缘上的凹坑和凸起。

注意事项：清除旧胶时温度勿超过 180℃。

图 4-66　车身损伤部位处理

（2）新件定位（如图 4-67 所示）。

● 侧围 B 柱加强板定位。

● 根据侧围 B 柱加强板旧件，从侧围 AB 柱加强板总成上取下 B 柱加强板。

● 新件定位应符合车身尺寸及周边配件的配合要求。

图 4-67　新件定位

● 侧围 B 柱外板部分定位（如图 4-68 所示）。

● 根据侧围 B 柱外板部分旧件，从侧围外板上切割新件并预留合适尺寸。

● 新件定位应符合车身尺寸及周边配件的配合要求。

图 4-68　侧围 B 柱外板部分定位

（3）新件钻孔（如图 4-69 所示）。

● 使用 ϕ6.6 mm 钻头在区域①内钻出 ϕ6.6 mm 的孔，用于抽芯铆接。

● 使用 ϕ5.0 mm 钻头在区域②内原有孔位置钻出 ϕ5.0 mm 的孔，用于 FDS 自攻钉连接。

注意事项：侧围 B 柱加强板被取下后，在加强板区域②位置将 ϕ5.0 mm 的孔扩至 ϕ6.0 mm。

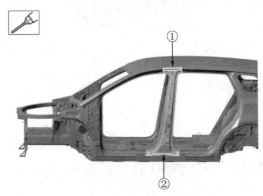

图 4-69　新件钻孔

（4）处理结合面（如图 4-70 所示）。

● 去除毛刺（视需要修磨凸缘）。

● 打磨接合区域。

● 使用清洁剂清洁整个接合区域。

● 在焊接内接合面喷涂可焊透的锌粉底漆。

● 在区域①和②内施涂结构胶。

注意事项：常温下，必须在 20 min 内完成涂胶，否则胶的黏性将减弱，而且涂胶之后必须在 60 min 内完成所有连接。

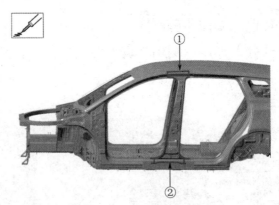

图 4-70　处理结合面

7．新件安装

（1）安装侧围 B 柱加强板（如图 4-71 所示）。

安装侧围 B 柱加强板并将其夹紧到位。

注意事项：确保位置及相关尺寸正确。

图 4-71　安装侧围 B 柱加强板

（2）安装侧围 B 柱加强板（如图 4-72 所示）。

● 连接该区域内的连接。

● 区域①和③内采用电阻点焊。

● 区域②内采用 FDS 自攻钉连接。

● 区域④内采用抽芯铆接。

● 在区域①、②、③内施涂结构胶（如图 4-73 所示）。

注意事项：常温下，必须在 20 min 内完成涂胶，否则胶的黏性将减弱，而且涂胶之后必须在 60 min 内完成所有连接。

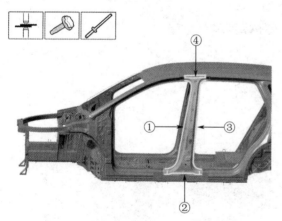

图 4-72　安装侧围 B 柱加强板

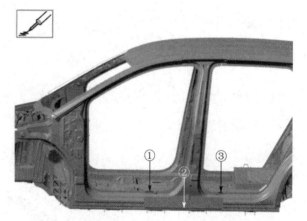

图 4-73　在区域①、②、③内施涂结构胶

（3）安装侧围 B 柱外板（如图 4-74 所示）。

● 安装侧围 B 柱外板部分并将其夹持牢固。

注意事项：确保位置及相关尺寸正确。

● 连接该区域内的连接。

● 区域①和②内采用电阻点焊（如图 4-75 所示）。

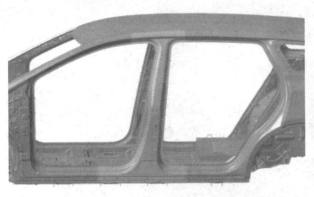

<table>
<tr><td>图 4-74　安装侧围 B 柱外板</td><td>图 4-75　区域①和②内采用电阻点焊</td></tr>
</table>

- 连接该区域内的连接。
- 区域①、②、③内采用冲压铆接（如图 4-76 所示）。

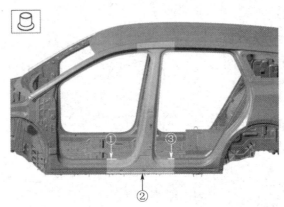

图 4-76　区域①、②、③内采用冲压铆接

- 连接该区域内的连接。
- 区域①和②内采用 MAG 连续缝焊（如图 4-77 所示）。
- 打磨修整焊道。

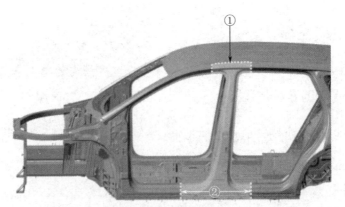

图 4-77　区域①和②内采用 MAG 连续缝焊

8．防腐处理

（1）喷涂环氧底漆（如图 4-78 所示）。

● 对修复区域中裸露的金属位置喷涂环氧底漆。

（2）施涂车身密封胶（如图 4-79 所示）。

● 根据维修手册对修复区域施涂车身密封胶。

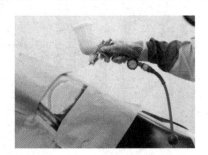
图 4-78　喷涂环氧底漆

图 4-79　施涂车身密封胶

（3）喷涂空腔防腐蜡（如图 4-80 所示）。

● 在车身修复焊接区域的背面空腔喷涂空腔防腐蜡。

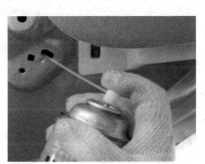
图 4-80　喷涂空腔防腐蜡

4.3.5.3　工作页

1．结构性板件被更换后定位的精确性，决定了＿＿＿＿＿＿和＿＿＿＿＿＿。焊接前的新件必须＿＿＿＿＿＿操作。

2．修理结构性板件时，当需要切割或分割板件，必须＿＿＿＿＿＿＿＿＿＿。所有制造厂家都强调：不要割断可能降低乘客安全性的＿＿＿＿＿＿、＿＿＿＿＿＿＿＿＿的区域或者影响关键尺寸的地方。

3．初步拉伸是按输入力＿＿＿＿＿，在碰撞区域拉伸，来消除车辆碰撞中产生的＿＿＿＿和车身＿＿＿＿。

4．当去除焊点、切割板件时，＿＿＿＿＿＿＿＿＿＿＿＿＿＿＿＿。

5．清除旧胶时温度不可超过＿＿＿＿＿＿。

6．根据侧围 B 柱外板部分旧件，从侧围外板上切割新件并＿＿＿＿＿＿。

7. 如右图所示，对于板件结合面的处理方法有哪些？

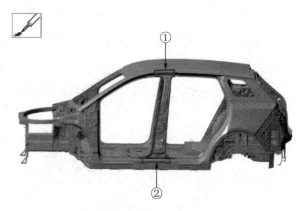

8. 如右图所示，安装侧围 B 柱加强板的方法及注意事项有哪些？

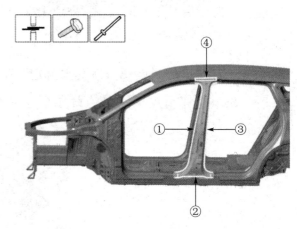

9. 车身防腐处理的方法有_____、_____、_____。

10. 实训

准备工具和设备：二氧化碳气体保护焊机、电阻焊机、防护用品（耳罩、手套、护目镜等）、大力钳、焊片。

将学生分成 4 个小组，每人两套焊片，小组成员轮流操作，相互评价并记录。

车身焊接工作表

班级：		姓名：		日期：
任务描述： （1）电阻焊接； （2）二氧化碳气体保护焊（连续点焊、连续焊、塞孔焊）； （3）按照规范使用焊机并完成相应的焊接任务				
作业记录单				
1. 维修前准备				
项目	作业内容			
防护用品				
焊接设备检查情况				

续表

2. 焊接流程

项目	操作步骤	注意事项
电阻焊		
连续点焊		
连续焊		
塞孔焊		

3. 焊接后的质量检查

项目	电阻点焊焊技术要求	气体保护焊焊接技术要求
标准	a．焊件的焊点上有熔穿孔、气孔直径＞1 mm、飞溅物数量≥3 个、焊点外圈不连续、焊点颜色全部变蓝等缺陷，判定此焊点不合格。 b．电阻焊点直径≥4 mm	a．焊件的焊疤上有熔穿孔，气孔数量＞3 个，不正确熔化＞1 mm，咬边长度＞5 mm，二次焊接，飞溅物数量≥10 个等缺陷，判定此焊疤不合格。 b．对接焊的焊疤宽度。 工件正面：5 mm≤焊疤宽度≤10 mm。 工件背面：焊疤宽度≤5 mm。 c．对接焊工件夹缝宽度：≤1.5 mm。 d．塞焊的焊疤直径。 工件正面：6 mm≤焊疤直径≤9 mm。 工件背面：焊疤直径≤7 mm。 e．焊疤高度：正面焊疤的最大高度≤2 mm
测量结果		

4.4　理论测试

一、填空题

1. 容易获得良好焊缝成形的焊接位置是＿＿＿＿＿＿。

2. 焊接手套的作用是＿＿＿＿＿＿＿＿。

3. 焊接时，未焊透的原因有＿＿＿＿＿＿＿、＿＿＿＿＿＿＿。

4. 在焊接过程中，产生的物理有害因素包括＿＿＿＿＿＿、＿＿＿＿＿＿、＿＿＿＿＿＿。

5. 焊接是采取分段焊接可以＿＿＿＿＿＿＿＿＿＿＿。

6. 车身防腐处理的方法有＿＿＿＿＿＿、＿＿＿＿＿＿、＿＿＿＿＿＿。

二、单项选择题

1. B柱使用高强度钢板主要是为了（　　）。

    A．增加侧边撞击强度　　　　B．保证乘客生还空间

    C．车身轻量化　　　　　　　D．以上皆是

2. 去除车身高强度钢板的焊点，钻头转速的模式采用（　　）较适当。

    A．低转速高扭矩　　　　　　B．高转速低扭矩

    C．低转速低扭矩　　　　　　D．高转速高扭矩

3. 在车身修理过程中，采用（　　）的钢板严重塑性变形后不允许修理，应直接更换。

    A．冷轧钢板　　　　　　　　B．超高强度钢

    C．镀锌钢板　　　　　　　　D．镀锡钢板

4. 气体保护焊焊接的优点是（　　）。

    A．焊接质量受操作人员影响大　B．不受板件形状限制

    C．产生热量多，板件会变形

5. 在电阻点焊进行焊接时，防腐工作是在（　　）。

    A．焊接后全车身一起进行　　B．焊接后马上进行

    C．焊接之前进行

6. 惰性气体保护焊搭铁夹钳的作用是（　　）。

    A．作为接地线使用　　　　　B．使电流形成回路

    C．使电流稳定，焊接效果好

7. 决定惰性气体保护焊焊接速度的因素为（　　）。

    A．板材厚度和电流　　　　　B．板材厚度和电压

    C．电压和电流

8. 保护焊的定位焊各焊点间距与板件厚度有关，一般是板件厚度的（　　）。

    A．5～15倍　　B．30～40倍　　C．15～30倍

9. 将电阻点焊的电流调大时会产生的现象是（　　）。

    A．飞溅变多，焊点颜色变深　　B．飞溅变少，焊点颜色变深

    C．飞溅变多，焊点颜色变浅

10. 对车身中立柱进行切割时，下面操作正确的是（　　）。

    A．在外件上，在D环固定点加强件之下进行对接切割

B．在内件上，在 D 环固定点加强件之下进行重叠切割

C．在内件上，在 D 环固定点加强件之上进行重叠切割

11．新更换的车身板件要进行塞焊或电阻点焊，焊点的分配应（　　）。

A．先决定中间的位置，再分配其余的焊点数

B．先决定两端的位置，再分配其余的焊点数

C．从一端开始逐个分配

12．下列部件损坏后不可以切割更换，要求整体更换的是（　　）。

A．门槛板　　　　B．前纵梁　　　　C．车门加强梁

13．对前纵梁切割操作时，错误的操作是（　　）。

A．不能切割有波纹或凹痕加工的表面

B．为了保证整个前纵梁的吸能效果，必须更换整个纵梁

C．可以在规定区域进行切割

14．下列属于封闭梁结构的部件是（　　）。

A．后顶侧板　　B．前纵梁　　　　C．地板

15．可以使用偏置对接连接的车身板件是（　　）。

A．前立柱　　　　B．后纵梁　　　　C．门槛板

三、判断题

1．在焊接中产生的热量过多，会导致周围的板件变形。　　　　　　　　　（　　）

2．对于薄金属板，防止其焊接熔穿的方法是控制焊接接头附近的热量。　　（　　）

3．保护焊可使焊接板件 100% 的熔化。　　　　　　　　　　　　　　　　（　　）

4．焊接电流增大会使熔深增加，导致熔穿。　　　　　　　　　　　　　　（　　）

5．焊接电压过低时，电弧长度会增加，焊接熔深会减小。　　　　　　　　（　　）

6．导电嘴到工件距离为 20 mm 时焊接效果最好。　　　　　　　　　　　（　　）

7．正向焊接时熔深较小且焊缝较平。　　　　　　　　　　　　　　　　　（　　）

8．在进行气体保护焊焊接时，要尽量加大保护气的流量，因为气流越大，保护效果越好。

（　　）

9．塞焊塞孔尺寸必须为 6 mm。　　　　　　　　　　　　　　　　　　　（　　）

10．点焊之前，应除去喷在原车金属表面的保护层。　　　　　　　　　　　（　　）

11．对于严重腐蚀损坏的钢板，更换板件通常是唯一的补救方法。　　　　　（　　）

12．车身结构性板件的更换可以通过部件间的配合间隙来观察定位。　　　　（　　）

13．车身上的防撞吸能区在修复中尽量不要进行切割分离。　　　　　　　　（　　）

14．整体式车身部件分割时，一般在接缝处进行分离。　　　　　　　　　　（　　）

15．当车身中立柱的截面仅由两件组成且没有内部加强件时，不可采用插入件对接连接方式。　　　　　　　　　　　　　　　　　　　　　　　　　　　　　　　（　　）

16. 车身板件的加强件在切割中偶然发生了损坏，必须要在焊好后才能继续使用。

（　　）

17. 当车身中立柱的截面内有加强件，不能使用插入件时，必须采用偏置和搭接组合的工艺。 （　　）

18. 更换的车身地板可以用有加强件的对接方式连接。 （　　）

19. 连接更换的车身地板时，只能采用气体保护焊塞焊进行焊接。 （　　）

20. 车身板件的加强件在切割中偶然发生了损坏，必须要焊好后才能继续使用。 （　　）

四、简答题

1. 更换板件时，如何处理车身上的损伤部位？

_____

_____

2. 板件更换注意事项有哪些？

_____

_____

4.5　计划与决策

1. 分组制订"车辆左转弯被直线行驶的车辆撞击，导致车的右侧车门和中立柱出现损伤变形"情况下 B 柱更换的工作计划。

工作计划表

品牌		整车型号			生产日期	
发动机型号		发动机排量			行驶里程	
车辆识别码						
工作任务	更换 B 柱					
工作内容	选择合适的修复工具和设备进行 B 柱的更换					
作业记录单						
1. 判断 B 柱损伤情况						
项目	作业内容					
损伤判断方法	①	②		③		④
损伤情况（位置、程度）						
维修方法						

续表

	序号	步骤	内容	工具	注意事项
维修流程	1				
	2				
	3				
	4				
	5				
	6				
	7				
	8				
	9				
	10				

2. 维修质量检验

项目	分割板件质量	电阻点焊质量	二氧化碳气体保护焊焊接质量
检测结果			
结果判断及处理			
计划审核（教师）		年　月　日　　签字：	
工作中出现的问题		经验总结及改进措施	
结论和维修建议			
预估工时		成本预算	

2. 学生小组合作，按照任务决策的关键要素完成任务决策。

（1）与师傅沟通，明确计划可行性。

> 工作任务的时间控制和成本控制，工作步骤的正确性、规范性和合理性，工作过程的安全性和环保性，考虑厂商的经济效益和工作效率等，并记录决策结果与师傅的建议。

（2）与客户沟通，明确计划可行性。

> 请站在客户的角度，和客户沟通任务计划实施的可能性（包括有几种可能供客户选择的方案，哪些项目做或不做，现在做还是未来做，考虑客户的成本控制、时间控制、安全性、环保性、美观性和便利性等，并记录决策结果与客户的意见）。

4.6 任务实施

1. 学生按照本组制订的工作计划进行 B 柱更换工作，将过程及结果记录到工作计划的表格中。

2. 查询工厂信息管理系统，进行备件和人员工资测算后，将其记录在工作计划表中的相关位置。

3. 实施过程评价。

板件更换评价表

序号	评分内容	评价标准	配分	得分
1	划线及电阻点焊安全防护	未穿安全鞋，扣 0.5 分	5	
		清洁、划线时未佩戴棉纱手套，扣 0.5 分		
		电阻点焊时未佩戴皮质手套，扣 0.5 分		
		电阻点焊时未佩戴透明面罩，扣 0.5 分		
2	焊接参数调整	电阻点焊的电流调整不当，扣 0.5 分	1	
		电阻点焊的焊接时间调整不当，扣 0.5 分		
3	电阻点焊前清洁	未清洁板件，扣 1 分	1	
4	电阻点焊过程	未跳焊，每次 1 分，扣完为止	5	
5	板件分离、拼装	板件分离时未戴防护用具（透明面罩、耳罩、皮质手套），每项缺少扣 1 分	9	
		A、B 板分离后，切割、钻孔伤及下层板，一处扣 1 分		
		A、B 板分离后，锯条断裂，扣 1 分		
6	气体保护焊安全防护	未穿戴焊接防护服，扣 0.5 分	2	
		未穿戴护脚，扣 0.5 分		
		未佩戴焊接长手套，扣 0.5 分		
		未佩戴焊接面罩，扣 0.5 分		
7	焊接参数调整	保护焊电流调整不当，扣 1 分	2	
		保护焊送丝速度调整不当，扣 1 分		
8	气体保护焊操作	未正确使用焊烟抽排设备，扣 2 分	5	
		塞焊未跳焊，每次扣 0.5 分，扣完为止		
		操作完成后工量具、设备未清洁或归位每项扣 1 分，场地未清洁扣 1 分		
9	电阻点焊质量检验	焊点直径 <4 mm、表面有焊渣、未焊接，每个扣 2 分	10	
		焊点中心与所划十字心偏离 >1 mm，每个扣 1 分		
		焊点失圆（$d_{max} - d_{min} > 0.5$ mm），每个扣 1 分		
10	6 mm 塞焊	塞焊孔未焊接、未填满，焊点超高（$h > 2.0$ mm）、超大（$d > 9$ mm），或二次焊接，每个扣 3 分	10	
		焊点失圆（$d_{max} - d_{min} > 0.5$ mm），每个扣 1 分		
		焊点有气孔，每个扣 1 分		

续表

序号	评分内容	评价标准	配分	得分
11	9 mm 塞焊	塞焊孔未焊接、未填满，焊点超高（$h>2.0$ mm）、超大（$d>13$ mm），或二次焊接，每个扣 3 分	10	
		焊点背面焊透最小直径处<9 mm，每个扣 2 分		
		焊点失圆（$d_{max}-d_{min}>0.5$ mm），每个扣 1 分		
		焊点有气孔，每个扣 1 分		
12	连续焊	焊疤未跳焊，每次扣 5 分，共 10 分	10	
		焊疤超宽（$w<5$ mm 或 $w>8$ mm）、超高（$h>2.0$ mm），熔穿，未焊接，一处（长度每 5 mm 为一处）扣 5 分		
		焊疤弯曲，每段（长度 5 mm 为一段）扣 1 分		
		焊疤接头宽窄不一致（差值>0.5 mm），一个扣 2 分		
13	连续点焊	接头处有未跳焊痕迹，每段扣 10 分	15	
		焊疤超宽（$w<3$ mm 或 $w>6$ mm）、超高（$h>2.0$ mm），焊穿，或未焊接，一处（长度每 5 mm 为一处）扣 4 分		
		焊疤有熔穿孔，一个扣 5 分		
		焊疤弯曲，每段（长度 5 mm 为一段）扣 2 分		
		焊疤有气孔，每个扣 1 分		
14	安全事故	未按正确安全操作程序，损伤、损毁车辆，造成人员伤害，视情节扣 1~5 分，特别严重安全事故的终止操作，成绩记 0 分	5	
15	工作过程	工作态度积极，文明操作，轻拿轻放，言行举止等合乎要求。动作不规范，有野蛮操作行为扣 2 分，不文明语言行为扣 2 分，扣完为止	5	
16	"5S" 管理	操作过程中工、量具或工件落地，每次扣 0.5 分；操作完成后工具、设备、场地未清洁或归位，每项扣 1 分	5	
合计			100	

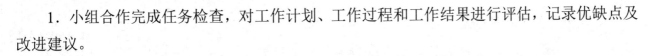

4.7 任务评估

1. 小组合作完成任务检查，对工作计划、工作过程和工作结果进行评估，记录优缺点及改进建议。

（1）检查工单（检测结果、维修建议、维修措施、故障排除情况）。

（2）必要的"5S"管理（车辆、工位、场地）。

（3）请根据实施诊断与修理工作的实际情况，完善改进工作计划。

2．车辆维修结束，进行功能检查并将修复后的车辆及相关物品交付给组长，作为修理工需要交付哪些物品？写出交付车辆过程中需要注意的事项。

4.8　任务反思

在"车身板件更换"学习过程中你有哪些收获，总结一下吧！

序号	项目	总结内容
1	单元知识点总结	
2	目标达成情况	
3	达成目标的原因	
4	未达成目标的原因	
5	工作过程反思	
6	在今后学习中要保持的	
7	在今后学习中要杜绝的	
8	在今后学习中要尝试的	

 ## 4.9　知识拓展

激光焊接

1．激光焊接的工作原理

激光焊接属于非触摸式焊接，作业进程不需要加压，是通过高能量密度的激光束作为热源的一种高效精密焊接方法，其作业原理是将高能量强度的激光束直接照射于材料表面，利用激光的高温，将两块钢板内的分子结构打乱，分子重新排列使得两块钢板中的分子融为一体，继而冷却结晶构成焊缝。

2．激光焊接的特点

与其他焊接技术相比，激光焊接的主要优点如下：

（1）速度快、深度大、变形小。

（2）能在室温或特殊条件下进行焊接，焊接设备装置简单。例如，激光通过电磁场时，光束不会偏移；激光在真空、空气及某种气体环境中均能施焊，并能通过玻璃或对光束透明的材料进行焊接。

（3）可焊接难熔材料如钛、石英等，并能对异性材料施焊，效果良好。

（4）激光聚焦后，功率密度高，在高功率器件焊接时，深宽比可达 5：1，最高可达 10：1。

（5）可进行微型焊接。激光束经聚焦后可获得很小的光斑，并且能精确定位，可应用于大批量自动化生产的微、小型工件的组焊中。

（6）激光焊接可焊接难以接近的部位，如进行非接触的远距离焊接时，具有很大的灵活性。近几年来，在 YAG 激光加工技术中采用了光纤传输技术，使得激光焊接技术被更广泛地推广和应用。

（7）激光束易实现光束按时间与空间分光，能进行多光束同时加工及多工位加工，为更精密的焊接提供了条件。

激光焊接也存在一定的局限性：

（1）要求焊件装配精度高，且光束在工件上的位置不能有显著偏移。这是因为激光聚焦后光斑尺寸小，焊缝窄，以便添加填充金属材料。若工件装配精度或光束定位精度达不到要求，很容易造成焊接缺陷。

（2）激光器及其相关系统的成本较高，一次性投资较大。

3．激光焊接的应用

激光焊接常被汽车厂家用于车顶与车身之间的焊接，具有美观、隔音和密封性好的优点。在车辆制造的过程中，车门、门槛梁，甚至是后备箱盖部分都有可能应用到激光焊接，激光焊接是白色车身的制造工序中一种常见的基材间相互连接的方式。

学习单元 5

汽车精致修复

5.1 学习目标

素质目标

1. 能够组织策划团队活动，发挥团队合作精神；
2. 能够独立完成复杂的工作任务；
3. 能够将搜集的文献资料进行归纳总结；
4. 能够在沟通中快速获取信息并给予反馈，同时与同伴达成共识；
5. 能够规划学习任务并按照计划执行，提高认真负责的职业素养。

知识目标

1. 了解汽车精致修复的适用范围；
2. 掌握汽车精致修复常用工具及设备使用方法；
3. 掌握汽车轮毂修复方法及注意事项；
4. 掌握汽车大灯翻新方法及注意事项。

技能目标

1. 能够正确描述汽车精致修复常用工具和设备的使用方法；
2. 能够独立正确地进行汽车精致修复；
3. 能够规范使用轮毂修复工具和设备，按照工艺流程完成任务；
4. 能够按照工艺要求，独立规范地完成汽车大灯翻新作业。

5.2　情境引入

　　王先生新购买一辆轿车，因小区地下车位紧张，日常只能停放在地上车位，在一次恶劣冰雹天气中，车身受损较为严重，车身外板多处出现凹坑，但漆面未受伤，如图 5-1 所示。考虑到是新购买的车辆，王先生并不想进行传统的钣金喷漆维修，认为可能会影响车辆保值，所以一直想寻找一种在不伤害车身原厂漆面的情况下对车辆进行修复的方法。

图 5-1　车身外板多处出现凹坑

5.2.1　接受任务

　　1．角色扮演：请一名同学扮演前台接待员，另一名同学扮演客户，完成接待任务。其他同学观察并记录优点及需要改进的地方。

优点	需要改进的地方

　　2．在实习车上，填写任务工单，明确故障现象。

车主姓名		日期	
车　　型		车牌号	
发动机号		VIN 号	
联系电话			
通信地址			
故障现象描述：			

续表

检查维修建议：	
故障结论（更换或维修的零部件记录）：	
取车付款：	维修人：
现金　　　　　　　银行卡	收款人：

5.2.2　分析任务

汽车精致修复是指对车身外部或内部小面积损伤的修复。当遇到车身板件凹陷，车身漆面没有受到损伤的情况时，可以考虑通过汽车精致修复，将受损部位恢复原状。另外，车辆行驶多年后会发现大灯和轮毂变得污浊且难以清洁，影响美观，目前可选用翻新技术使其恢复原貌，让车变得更加美观。下面详细介绍这项维修工艺及相关工具和设备的使用方法。

5.3　知识与技能

5.3.1　汽车精致修复

5.3.1.1　汽车精致修复的介绍

汽车精致修复工艺不同于传统的钣金喷漆工艺，是基于光学、物理学原理，采用杠杆原理将汽车表面覆盖件上由于外界各种因素造成的形状、大小及深浅不同的凹陷进行找平修复的一种工艺。

对车辆进行汽车精致修复有两个前提：一是车身漆面未受到破坏，二是金属表面无过大的延伸，如图 5-2 所示。

图 5-2　漆面未受到破坏且金属表面无过大延伸

5.3.1.2　汽车精致修复的技术优势

（1）汽车精致修复采用新技术将车身修复到原来的状态，简化了工作程序，在一定程度上保持了原车价值。

（2）缩短了修复时间，一般汽车精致修复时间在 30～90 min。

（3）没有修复痕迹，保持原厂车漆，无色差。

（4）汽车精致修复采用的是物理手法，利用杠杆原理、物理学和光学进行修复，不采用油漆工艺，因此修复过程无污染。

5.3.1.3　汽车精致修复与传统钣金喷漆的区别

汽车精致修复是针对汽车漆面没有损伤的一种修复方式，省去了传统的钣金打磨、填补、喷漆等工序，可以对未掉漆的变形损伤进行免喷漆修复，而且在修复后能够完全保留原厂车漆。

汽车精致修复技术需要很好的钣金基础。汽车精致修复与传统钣金喷漆的对比见表 5-1。

表 5-1　汽车精致修复与传统钣金喷漆的对比

项目	耗时	费用	效果
汽车精致修复	修复一个凹陷约 10～90 min	一般修复每块损伤约需 130 元	修复效果达 95% 以上
传统钣金喷漆	一般需要 2～3 天	"4S" 店维修约 300 元起	基本没有问题，但有些特殊颜色的车漆会有产生裂纹与变色的风险

5.3.1.4　汽车精致修复的原理

汽车精致修复通过一系列推压使凹陷隆起。为了使推压更顺利，可以使用带平行线纹路的反射板辅助修复。这些平行线在车身面板受损部位进行反射后可识别损伤类型，如果是低点凹陷损伤，则产生光晕；如果是高点凸起损伤，则产生尖峰。板面光线变化如图 5-3所示。

光晕（低点）　　　　　　　　　　　　　尖峰（高点）

图 5-3　板面光线变化

5.3.1.5 汽车精致修复可修复的范围

汽车精致修复能修复一些较为缓和的凹坑，如冰雹坑，凹坑形状为酒窝状，修复的前提是车身漆面不能被损伤，且凹坑的直径在 5 cm 以内。如图 5-4 所示。

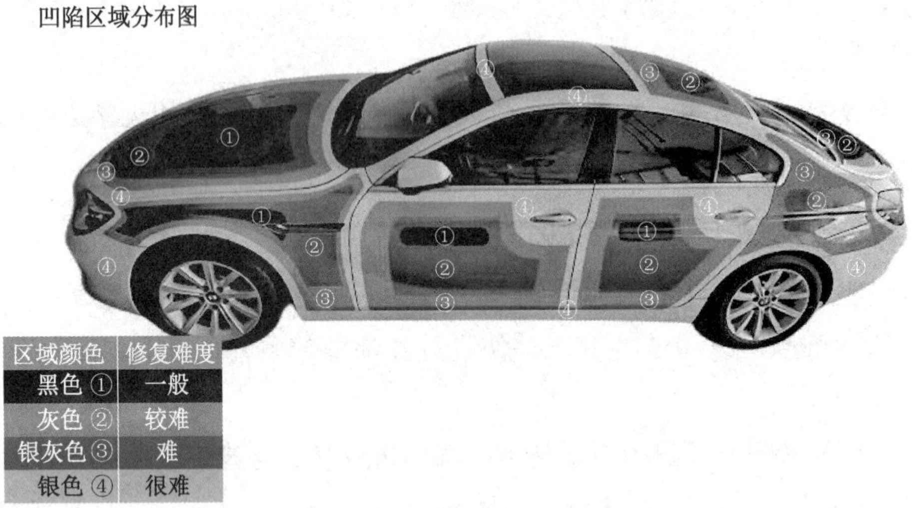

凹陷区域分布图

区域颜色	修复难度
黑色①	一般
灰色②	较难
银灰色③	难
银色④	很难

图 5-4　汽车精致修复可修复的范围

不是所有的损伤都可以进行汽车精致修复，简单来说，只要车身漆面没有破损，凹痕不在车辆的边角，并且凹痕没有死角都可以修复。除了上述情况，大部分凹痕都可以通过这种方式进行快速修复。

如果车身漆面已经严重破损或是凹痕边缘棱角过于尖锐，如图 5-5 所示，甚至出现了死角，一般不建议采用这种方式进行修复。

图 5-5　凹痕边缘棱角过于尖锐

5.3.1.6 工作页

1. 能够进行汽车精致修复的车辆有两个前提：_____、_____。

2. 汽车精致修复技术的优势有：_____

_____

_____

_____。

5.3.2　汽车轮毂修复

5.3.2.1　汽车轮毂的分类

1. 普通钢轮毂

如图 5-6 所示，普通钢轮毂的制作工艺简单，成本低，经久耐用，但外观丑陋，质量大，容易生锈，散热性差，惯性阻力大，一般应用于 10 万元以下的低配车型上，如运输车、农用车、重型卡车和洒水车等。

图 5-6　普通钢轮毂

2. 铝合金轮毂

如图 5-7 所示，与普通钢轮毂相比，铝合金轮毂的质量轻，制作精度高且不易生锈，外观样式多，惯性阻力小，散热性好，所以价格比普通钢轮毂贵出很多。铝合金轮毂应用广泛，涵盖各种车型，其价格随制作精度及样式不同也相差较大。

3. 拉丝轮毂

如图 5-8 所示，拉丝轮毂的个性鲜明，外观冲击力强，立体效果更明显，但是对制作工艺的要求较高，因此成本较普通铝合金轮毂高，且损伤后不易修复（只能在专业的数控车床上修复）；拉丝轮毂一般应用于中高端运动型轿车上，如高尔夫 GTI 等。

图 5-7　铝合金轮毂

图 5-8　拉丝轮毂

4. 电镀轮毂

如图 5-9 所示，电镀轮毂外观靓丽，能够提升汽车的品质感和高级感，其色泽保持时间长久（纯电镀），防腐耐晒能力强，但制作工艺复杂，成本高，不易打理，且修复难度大。如今也有一些简单的电镀工艺，如水电镀、电镀银等，可以让普通轿车提高档次。虽然其保持光亮度的耐久度不如纯电镀工艺，但是成本相对较低。电镀轮毂一般应用于豪华高端轿车上，如劳斯莱斯、宾利等。

图 5-9　电镀轮毂

5. 锻造轮毂

如图 5-10 所示，锻造轮毂不受模具的制约，设计自由度高，所以轮毂外观的种类繁多，个性动感十足。由于锻造期间铝块经过不断冲压，因此在成型之后，其分子结构会变得非常紧密，可承受较高的压力。与同等尺寸、强度的普通轮毂相比，该轮毂质量更轻，但由于制作工艺复杂，制作成本较高，因此基本被用于注重操控的高档车或一些高性能的超跑上，如保时捷、法拉利等。

图 5-10　锻造轮毂

6. 碳纤维轮毂

如图 5-11 所示，碳纤维轮毂具有高强度的刚性且抗拉伸性强，质量轻，视觉效果出众。但因其制作工艺烦琐复杂，制作成本高，所以全碳纤维轮毂目前只出现在科尼塞克和一些国际知名品牌的改装车上。现在也有半碳纤维轮毂，即轮辐为合金材质、轮毂外圈为碳纤维材质的轮毂，在降低成本的同时，可使轮毂质量减轻，可选样式多元化。

图 5-11 碳纤维轮毂

5.3.2.2 汽车轮毂的损伤情况及修复范围

汽车轮毂的损伤情况一般分为以下 4 种。

（1）表面损伤：轮毂表面的轻微划痕，如图 5-12 所示。

视 频
轮毂修复技术

图 5-12 表面损伤

（2）边缘损伤：轮毂边缘的缺口损伤，如图 5-13 所示。

图 5-13 边缘损伤

（3）复合损伤：轮毂表面及边缘因剐蹭产生的损伤，如图 5-14 所示。

图 5-14 复合损伤

（4）严重损伤：由于外力碰撞产生的不可逆损伤，如图 5-15 所示。

图 5-15　严重损伤

汽车轮毂损伤的修复范围：轮毂修复工具只针对市场保有量最大的铝合金轮毂损伤、部分拉丝轮毂损伤及电镀轮毂缺口进行修复，在不影响轮胎气密性的基础上，可以处理轮毂划伤、磨损、边缘缺口的微小损伤情况。但是，如果轮毂出现严重变形、长条裂纹等高危损伤情况，建议不要在任何一家轮毂修复门店修复，更换轮毂是唯一的解决方案。

5.3.2.3　工作页

1. 汽车轮毂的分类：_____、_____、_____、_____、_____、
_____。

2. 电镀轮毂的特点：_____
_____。

3. 铝合金轮毂的特点：_____。

4. 常见的汽车轮毂损伤情况：_____、_____、_____、
_____。

5. 汽车轮毂损伤的修复范围：
_____
_____
_____。

5.3.3　汽车大灯翻新

5.3.3.1　汽车大灯翻新的市场需求

越来越多的汽车用户需要解决大灯泛黄、起皮、变乌、氧化腐蚀及剐蹭等问题，由于市场需求大，已经有小部分专业团队在帮助汽车"4S"店、验车用户、年久老车、二手车卖方等解决此类问题，他们的修复方法各有不同，且因缺乏专业培训，工具设备参差不齐，导致修复效果看似很好，但其表面强度不达标，而且质保期也无法保障，可能还会因为不专业的操作导致大灯损坏。

5.3.3.2 汽车大灯的材质及其特性

1. 玻璃材质

以前由于技术受限，认为塑料的强度低，透光度不好，预热会变形变色等，导致塑料灯罩不被看好，而玻璃材质的强度高，透光度好，受温度变化影响小，是过去应用于大灯灯罩上的主要材质。现在也有部分特殊车辆仍在使用玻璃材质的大灯灯罩，如军用车、特种作业车等，玻璃大灯如图 5-16 所示。

2. PC 塑料

PC 塑料又称聚碳酸酯，具有高强度弹性系数、高冲击强度、高透明性、成型收缩率低、尺寸稳定性良好、耐疲劳性佳、绝缘性优良、耐热性强、耐老化性好，较玻璃质量轻、可修复性高等诸多优点，现在绝大部分车头灯使用的灯罩为 PC 塑料材质的，PC 塑料大灯如图 5-17 所示。

图 5-16　玻璃大灯

图 5-17　PC 塑料大灯

5.3.3.3 汽车大灯的损伤情况及修复范围

1. 汽车大灯的损伤情况

如图 5-18 所示，汽车大灯的损伤情况一般分为以下 4 种。

视　频
汽车大灯翻新技术

氧化变乌

轻微擦伤

年久泛黄

龟裂腐蚀

图 5-18　汽车大灯的损伤情况

2．汽车大灯损伤修复的范围

以上列举的氧化变乌、轻微擦伤、年久泛黄、龟裂腐蚀 4 种常见情况，它们都可以系统地对照其损伤状态，合理地给出翻新修复方案，并利用专业的工具设备进行翻新修复。但如果大灯的损坏程度严重，如灯罩外部已经有裂缝、孔洞或灯罩内部出现蛛网损伤等严重情况，则没有翻新修复的必要，结合汽车用户的安全性考虑，选择更换大灯总成是最佳的解决方案。

5.3.3.4　工作页

1．汽车大灯材质有＿＿＿＿、＿＿＿＿。

2．指出下列大灯属于哪种损伤情况，填写在下表的空格内。

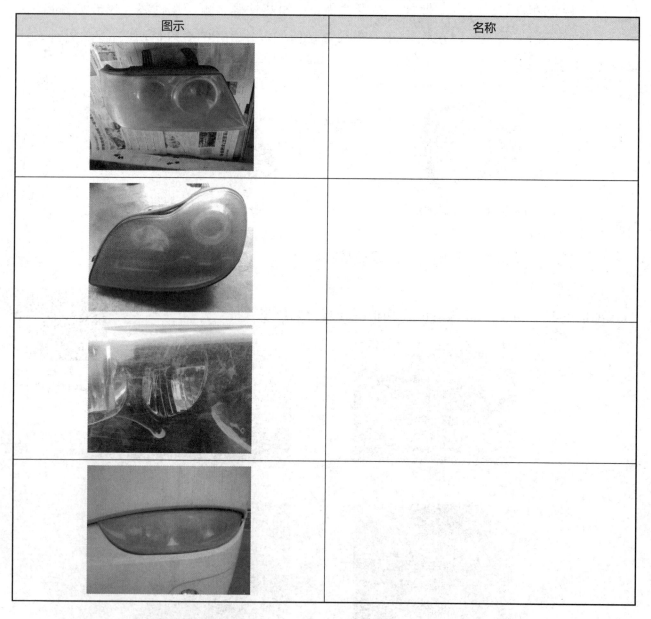

图示	名称

3．实训。

准备好维修大灯所使用的工具和设备及受损大灯，防护用品（耳罩、手套、护目镜）。

将学生分成 4 个小组，每个小组有 4 个受损大灯，小组成员轮流操作，相互评价并记录。

修复大灯工作表

班级：		姓名：		日期：	
任务描述：					
（1）对受损大灯的表面进行维修；					
（2）正确选择修复工具及设备并规范操作；					
（3）对修复后的大灯进行检查					
客户申诉：汽车大灯外观有轻微划痕，影响美观，请钣金技师将其恢复到原来面貌					
作业记录单					
1. 判断大灯的损伤情况					
项目	作业内容				
大灯损伤类型					
大灯损伤情况					
修复方法					
修复工具及设备					
修复流程	序号	步骤	内容	工具	注意事项
	1				
	2				
	3				
	4				
	5				
	6				
	7				
2. 大灯修复后的检查					
项目	外观检查				
检查结果					

5.4 理论测试

一、填空题

1. 汽车轮毂损伤一般分为＿＿＿＿＿＿＿＿、＿＿＿＿＿＿＿＿、＿＿＿＿＿＿＿、
＿＿＿＿＿＿＿。

2. 汽车精致修复工艺不同于传统钣金喷漆工艺，是＿＿＿＿＿＿＿、＿＿＿＿＿＿原理，采用杠杆原理将汽车表面覆盖件由于外界各种因素造成的形状、大小及深浅不同的凹陷进行找平修复的一种工艺。

3. 汽车精致修复过程中，为了使推压更顺利，可以使用反射板，反射板具有一系列平行线，这些平行线会在凹痕内进行反射，这些线落在低处会产生＿＿＿＿，而落在高处则产生

_____。这些线可用于指导维修。

二、单项选择题

1. 车身漆面不能受损且凹坑的直径在（　　）cm 内，可以采用汽车精致修复。

    A．5　　　　　　　　　　　　　　B．7

    C．10

2. 出现（　　）的情况不建议采用汽车精致修复。

    A．小凹坑　　　　　　　　　　　B．下凸起

    C．凹陷边缘棱角过于尖锐

3. 玻璃材质大灯的特点为（　　）。

    A．具有高强度弹性系数

    B．透光度好，受温度变化影响小

    C．成形收缩率低

三、判断题

1. 前风挡玻璃的任何位置损伤都可以修复。 （　　）

2. 汽车轮毂出现严重变形、长条裂纹等高危损伤情况，建议不要去任何一家轮毂修复门店修复，更换轮毂是唯一的解决方案。 （　　）

3. 碳纤维轮毂的特点是具有高强度刚性、抗拉伸性强、质量轻、视觉效果出众、制作成本高。 （　　）

4. 汽车精致修复适用于任何情况的车身外板损伤。 （　　）

四、简答题

1. 汽车大灯损伤修复的范围是什么？

_____

_____

2. 汽车精致修复的原理是什么？

_____

_____

5.5 计划与决策

1. 分组制订"汽车在遇到冰雹袭击后，车身外板多处出现凹坑，漆面未受伤，采用汽车精致修复进行维修"的工作计划。

工作计划表

品牌		整车型号			生产日期	
发动机型号		发动机排量			行驶里程	
车辆识别码						
工作任务	修复受损的发动机罩盖					
工作内容	选择合适的修复工具和设备将受损的发动机罩盖恢复原状					

作业记录单

1. 判断发动机罩盖的损伤情况

项目	作业内容
发动机罩盖损伤情况（位置、程度）	
修复方法	

修复流程	序号	步骤	内容	工具	注意事项
	1				
	2				
	3				
	4				
	5				
	6				
	7				

2. 发动机罩盖修复后的检查

项目	标准值	测量值
表面平整度	修复后表面与原表面的高度差值（标准值：_____mm）	
配合间隙	发动机罩盖与前翼子板的配合间隙值（标准值：_____mm）	
结果判断及处理		
计划审核（教师）		年　　月　　日　　签字：

工作中出现的问题		经验总结及改进措施	
结论和维修建议			
预估工时		成本预算	

2．学生小组合作，按照任务决策的关键要素完成任务决策。

（1）与师傅沟通，明确计划可行性。

工作任务的时间控制和成本控制，工作步骤的正确性、规范性和合理性，工作过程的安全性和环保性，考虑厂商的经济效益和工作效率等，并记录决策结果与师傅的建议。

（2）与客户沟通，明确计划可行性。

请站在客户的角度，和客户沟通任务计划实施的可能性（包括有几种可能供客户选择的方案，哪些项目做或不做，现在做还是未来做，考虑客户的成本控制、时间控制、安全性、环保性、美观性和便利性等，并记录决策结果与客户的意见）。

5.6　任务实施

1．学生按照本组制订的工作计划进行受损发动机罩盖的维修，将检测过程及结果记录到工作计划表格中。

2．查询工厂信息管理系统，进行备件和人员工资测算后，将其记录在工作计划表中的相应位置。

3．实施过程评价。

采用汽车精致修复维修受损发动机罩盖评价表

序号	评价内容	评价标准	配分	得分
1	作业前准备	安全防护：未佩戴护目镜、手套、安全帽、耳罩，安全鞋未穿，少一项，扣1分，本项共5分，扣完为止	5	
2	工具选用及规范操作	1．选用工具错误，每次扣2分； 2．操作方法不正确，每次扣3分	10	
3	修复流程	1．操作流程不正确，每次扣3分； 2．操作中工具落地一次扣1分，本项5分，扣完为止； 3．设备使用完毕未归位扣1分，本项5分，扣完为止	20	
4	修复效果	1．整个修复部位高于板面高度（25分）：高于原板面1 mm，一处扣5分，其中直径大于5 mm为一处，扣完为止； 2．整个修复部位低于板面高度（15分）：低于原板面高度1 mm，一处扣5分，其中直径小于等于5 mm为一处，以此类推，扣完为止	40	

续表

序号	评价内容	评价标准	配分	得分
5	注意事项	出现危害人身或设备安全的操作，此项为 0 分	5	
6	过程记录	对工作过程进行记录，记录完整、翔实，漏一项扣 1 分，不完整的酌情扣分，扣完为止	10	
7	工作过程	有野蛮操作行为扣 5 分，有不文明语言行为扣 5 分，扣完为止	5	
8	"5S" 管理	工、量具恢复原状并归位，保持工作场地干净整洁，漏一项扣 1 分	5	
		合　计	100	

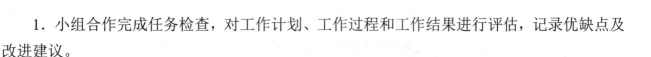

5.7　任务评估 ▼

1. 小组合作完成任务检查，对工作计划、工作过程和工作结果进行评估，记录优缺点及改进建议。

（1）检查工单（检测结果、维修建议、维修措施、故障排除情况）。

（2）必要的 "5S" 管理（车辆、工位、场地）。

（3）请根据实施诊断与修理工作的实际情况，完善改进工作计划。

2. 车辆维修结束，进行功能检查并将修复后的车辆及相关物品交付给组长。作为修理工需要交付哪些物品？写出交付车辆过程中需要注意的事项。

_____

_____

5.8　任务反思 ▼

在 "汽车精致修复" 学习过程中你有哪些收获，总结一下吧！

序号	项目	总结内容
1	单元知识点总结	
2	目标达成情况	
3	达成目标的原因	
4	未达成目标的原因	
5	工作过程反思	
6	在今后学习中要保持的	
7	在今后学习中要杜绝的	
8	在今后学习中要尝试的	

 ## 5.9　知识拓展

风挡玻璃损伤的应急处理

汽车玻璃被不小心划伤或当玻璃受到外力撞击时，如在高速公路上被小石头或者飞虫撞击，受撞击部位会发生破裂，这是一种比较常见的情况。能否修复还得依据损伤的位置及深浅来决定，一般车窗和后风挡玻璃的轻微划痕是可以通过抛光来进行修复的，而前风挡玻璃的各类损伤会影响司机的行驶安全，因此不建议将其修复后继续使用。但在客户急于用车或店内配件长时间无法到货的情况下，可以将风挡玻璃的损伤进行临时应急处理。

1．汽车玻璃的种类及特点

（1）夹层玻璃。

夹层玻璃是由两片或多片玻璃之间夹了一层或多层有机聚合物中间膜（PVB 薄膜），经过特殊的高温预压（或抽真空）及高温高压处理后，使玻璃和中间膜永久黏结为一体的复合玻璃产品，如图 5-19 所示。

夹层玻璃的特点：

- 具备很高的强度及韧性，且拥有很强的抗穿透能力。
- 耐热、耐寒、耐光、耐湿，能见度高。
- 可吸收外界部分撞击能量（承受高速冲击的强度要高于钢化玻璃），起到缓冲作用。
- 破碎后不会散落。
- 多用于前风挡玻璃、天窗玻璃。

（2）钢化玻璃。

如图 5-20 所示，钢化玻璃是一种预应力玻璃，为提高玻璃的强度，通常使用化学或物理方法在玻璃表面形成压应力，当玻璃承受外力时首先抵消表层应力，从而提高承载能力，增强玻璃自身的抗风压性、寒暑性、冲击性等。

钢化玻璃的特点：

- 具备较高的机械强度（抗冲压强度、抗弯强度）。

- 具备良好的热稳定性（能承受剧烈温度变化而不破坏的性能）。
- 具备可靠的安全性（破裂后碎片呈蜂窝状钝角小颗粒，不易伤人）。
- 破碎后无法被修复。
- 多用于车窗玻璃、后风挡玻璃和天窗玻璃。

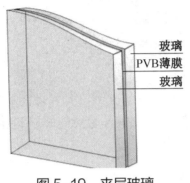

图 5-19 夹层玻璃

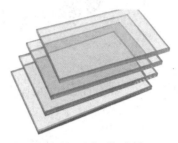

图 5-20 钢化玻璃

2．风挡玻璃常见的损伤类型

如图 5-21 所示，风挡玻璃常见的损伤类型有以下 5 种。

复合型牛眼损伤

星形损伤

放射形复合损伤

牛眼损伤

裂纹损伤

图 5-21 风挡玻璃常见的损伤类型

3．风挡玻璃损伤修复区域

如图 5-22 所示，除了方框内和黑色区域，其他区域均可修复。方框区域破损会影响驾驶；玻璃周边黑色区域出现破碎点或裂缝，考虑到安全性及可靠性不建议修复。

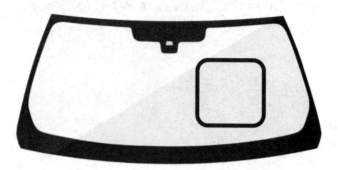

图 5-22 风挡玻璃损伤修复区域

前风挡玻璃的破裂点小于一元硬币大小且裂缝长度小于 15 cm 为最佳修复范围，如图 5-23 所示。

图 5-23 前风挡玻璃损伤修复范围

4．风挡玻璃修补原理

如图 5-24 所示，是通过使用与玻璃折射系数（光学性能）相同的树脂，采用特殊的工艺，将树脂注入玻璃裂缝，并使其固化，使树脂完全取代玻璃间隙中的空气，从而将玻璃和树脂完全黏结成一个整体，来修补风挡玻璃。

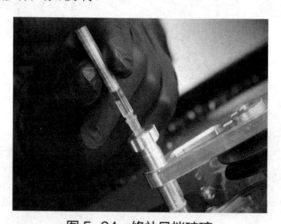

图 5-24 修补风挡玻璃

学习单元 6

塑料件的修复

6.1 学习目标

素质目标

1. 能够通过各种信息源（如互联网、书籍等）了解信息，给予反馈并与同伴达成共识；

2. 能够以小组的形式完成各种不同的任务；

3. 能够通过他人完成的任务，反思自己的行为并改正不足之处，主动思考如何高效完成更复杂的工作任务；

4. 能够条理清晰地分析自己的学习任务，得出更简单的学习步骤并加以实施；

5. 能够在使用塑料维修工具过程中，遵守事故预防条例，逐步树立安全意识；

6. 能够在塑料件修复过程中，严格按照规范标准进行，逐步养成安全、规范操作意识。

知识目标

1. 熟悉车身塑料件的类型；

2. 掌握塑料件的维修方法；

3. 掌握塑料件的黏结修复工艺；

4. 掌握塑料件的焊接修复工艺；

5. 掌握汽车保险杠的更换方法。

技能目标

1. 能够正确分辨车身塑料件的类型；

2. 能够根据不同的塑料类型选择合适的修复方法；

3. 能够利用黏结工艺维修受损的车身塑料件；

4. 能够利用焊接工艺维修损伤的车身塑料件；

5. 能够规范且熟练地拆装保险杠总成。

6.2 情境引入

一辆汽车在倒车过程中与路边的隔离墩发生碰撞，从外观来看，汽车的后保险杠受损，如图 6-1 所示。

图 6-1　汽车的后保险杠受损

6.2.1 接受任务

1. 角色扮演：请一名同学扮演前台接待员，另一名同学扮演客户，完成接待任务。其他同学观察并记录优点及需要改进的地方。

优点	需要改进的地方

2. 在实习车上，填写任务工单，明确故障现象。

车主姓名		日期	
车　　型		车牌号	
发动机号		VIN 号	
联系电话			
通信地址			

车辆受损情况描述：	
维修建议：	
维修结论（更换或维修的零部件记录）：	
取车付款：	维修人：
现金　　　　　　　　银行卡	收款人：

6.2.2　任务分析

最早汽车的前/后保险杠都是以金属材料为主的，一般由钢板冲压而成，与车架纵梁铆接或焊接在一起。后来因为塑料保险杠的好处有很多，所以就用塑料保险杠代替，最直接的好处就是节省了制造成本。除此之外，塑料保险杠还能起到保护行人的作用。汽车在诞生之初，车辆不多速度也不快，所以汽车与行人之间发生事故的概率也就很低。但是现在随着人们生活质量不断提高，汽车的数量激增，从而导致车辆与行人发生事故的概率明显增大。作为弱势群体的行人，在与汽车发生的事故中，往往是最直接的受害者。所以如今的车辆设计高度重视对行人的保护，而塑料保险杠的出现，便能够很好地保护行人安全。对于车身维修来说，能够正确处理受损塑料件也变得越来越重要。受损塑料件的处理方式如图 6-2 所示。

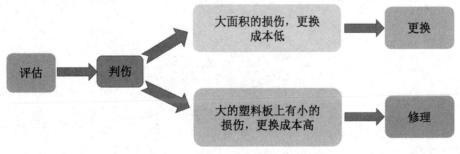

图 6-2　受损塑料件的处理方式

6.3 知识与技能

6.3.1 认知塑料

随着科学技术的发展，塑料凭借其质量轻、品种多、加工方便等优点，正逐步代替金属、玻璃等材料，并且大量应用于汽车行业，这不仅可以提高汽车造型的美观性、设计的灵活性，而且可以降低零部件的加工费、装配费及维修费，同时也是汽车节能和轻量化的有效途径。塑料以其优异的综合性能和价格优势日渐受到汽车行业的青睐，其在汽车上的应用正在从内、外装饰件向车身覆盖件和功能结构件扩展。与无机材料和金属材料相比，塑料及其复合材料在汽车上的应用有其独特的优势。作为最重要的汽车轻质材料，它不仅可以减轻零部件的重量，降低采购成本，而且还可以实现汽车行业对未来汽车舒适、安全、高速、节能环保的要求。随着材料科学的发展和汽车技术水平的不断提高，汽车专用料牌号层出不穷。汽车行业已将汽车使用塑料量的多少作为衡量汽车设计和制造水平的重要标志，并明确指出全塑车身是未来汽车的发展方向。由此可见，塑料在汽车行业的应用发展空间广阔，未来塑料行业和汽车行业将形成共赢的格局。

6.3.1.1 塑料的种类

车身塑料的种类及修理方法如图 6-3 所示，车身使用的塑料有热塑性塑料、热固性塑料和弹性体 3 种类型，这些塑料在结构、温度关系和维修方法上各有不同。

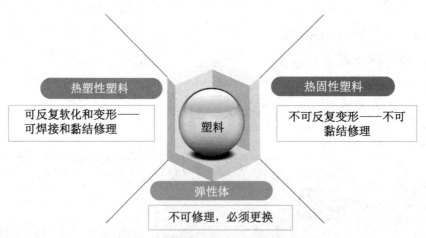

图 6-3　车身塑料的种类及修理方法

1．热塑性塑料

热塑性塑料是指具有加热软化、冷却硬化特性的塑料。根据材料特性可以设计出坚硬且刚度强的或柔软且防撞性能好的塑料。热塑性塑料可用于制造汽车中的保险杠、车轮罩盖板、燃油箱、车内饰板等。

2．热固性塑料

热固性塑料是指以热固性树脂为主要成分，配合以各种必要的添加剂，通过交联固化过程形成的塑料。热固性塑料在制造过程的前期为液态，固化后既不能溶解，也不能再次热熔或软化。热固性塑料可用于生产汽车中的密封剂、印制电路板等。

3．弹性体

弹性体泛指在除去外力后能恢复原状的材料，然而具有弹性的材料并不一定是弹性体。弹性体是在弱应力下形变显著，应力松弛后能迅速恢复到接近原有状态和尺寸的高分子材料。弹性体可用于生产汽车中的坐垫、仪表板填充物、安全气囊等。

6.3.1.2 塑料的特点

塑料与其他材料相比较，有以下几方面的性能特点。

1．质量轻

塑料是较轻的材料，相对密度为 0.90～2.20。特别是发泡塑料，因内有微孔，质地更轻，相对密度仅为 0.01。

2．优良的化学稳定性

绝大多数的塑料对酸、碱等化学物质具有良好的抗腐蚀能力。特别是俗称为"塑料王"的聚四氟乙烯（F4），它的化学稳定性甚至胜过黄金，放在"王水"中煮十几个小时也不会变质。F4 因其优异的化学稳定性而成为理想的耐腐蚀材料，如可以作为输送腐蚀性和黏性液体管道的材料。

3．优异的电绝缘性能

普通塑料都是电的不良导体，其表面电阻、体积电阻很大，可达 109～1 018 Ω。因此，塑料在电子工业和机械工业上有着广泛的应用，如塑料绝缘控制电缆。

4．隔热、隔音、减震作用

一般来讲，塑料的导热性是比较差的，相当于钢的 1/75～1/225。泡沫塑料的微孔中因含有气体，所以其隔热、隔音、防震性更好。

5．机械强度分布广，具有较高的比强度

有的塑料坚硬如石头、钢材，有的柔软如纸张、皮革。从塑料的硬度、抗张强度、延伸率和抗冲击强度等力学性能看，其分布范围广，在使用上有很大的选择余地。因塑料的比重小、强度大，故具有较高的比强度。与其他材料相比，塑料也存在明显的缺点，如易燃烧、刚度不如金属高、耐老化性差、不耐热等。

6.3.1.3 塑料的辨别方法

1．查看 ISO 识别码

如今，越来越多的工厂使用 ISO 识别码，在鉴别塑料时可以查看塑料件上是否有压制的国际质量检测标准，即 ISO 识别码。一般情况下，要将零部件拆下后才能看到所标注的代码，

如图 6-4 所示。

图 6-4 ISO 识别码

2．挠性测试法

挠性测试法是将修理用的塑料制成试件，并与损坏的塑料件共同进行弯曲测试，一般热固性塑料在弯折后不能完全恢复形状，而热塑性塑料的弹性较好，可以恢复形状。当两者材料类型相同，挠性相同时，该试件的塑料就可以用来修理损坏的塑料件，反之就要更换塑料试件，直到两者挠性相同为止。

3．密度法

密度法考查各种塑料的密度，以液体为介质，检验其塑料在液体介质中的沉浮，以粗略辨别塑料的大类。例如，一块塑料放在水中，若浮在水面上，则可断定其原料不是 PVC（因 PVC 的密度大于 1）。

4．燃烧法

燃烧法主要考查火焰的颜色及燃烧时发出的气味和烟雾，一般来讲，聚烯烃类的原料燃烧火焰多是蓝色或淡蓝色的，气味温和而淡，烟雾呈白色，而多数带有苯或氯的原料燃烧后容易冒黑烟，气味浓烈，如 ABS。另外，如 PE、PP 有滴燃现象，而 PVC 则无滴燃现象，但有自熄现象。

5．光学法

光学法主要考查原料的透明性，一般常用的透明原料为 PS、PC、PMMA、AS 等；半透明原料为 PE、无规共聚 PP、均聚 PP、软质 PVC、透明 ABS 等，其他的原料基本上不透明。

6．辨色法

一般来讲，不添加助剂的原料，如果本身含有双键，则颜色会略显黄，如 ABS，由丁二烯共聚，聚合后聚合物中仍含有双键，因此会略显黄。

其他的辨别方法多数要借助各种仪器，如红外光谱、红外质谱、核磁共振、差热扫描、热分析等仪器。

6.3.1.4　工作页

1．塑料的特点：_____

_____。

2．辨别塑料的方法：_____、_____、_____、_____、_____、

_____。

3．PE、PP 有_____现象，而 PVC 则_____，但有_____现象。

4．一般热固性塑料在弯折后_____完全恢复形状，而热塑性塑料弹性较好，

_____恢复形状。当两者材料_____，挠性相同时，该试件的塑料_____，

反之就要_____，直到两者挠性_____。

6.3.2　塑料部件的维修

6.3.2.1　塑料部件的维修原则

塑料部件的损坏通常分为 3 种损伤类型：轻度损伤、中度损伤、重度损伤。

轻度和中度损伤通常指表面损伤，鉴定损伤情况时通常无须拆卸部件。当塑料部件受到严重损伤时，大多数情况下，为确定整个损伤范围，需要拆卸相关部件。严重变形或者变形部件损坏时建议不要进行维修，应直接进行更换。由此可见，只有在塑料部件轻度和中度损伤时才对其进行维修，其中包括车身面板刮痕、裂缝、穿孔等，但要求位于其后的结构件未被损坏。

6.3.2.2　塑料部件维修时的注意事项

在对塑料部件进行维修作业时，一定要时刻注意安全。树脂内的部分成分会刺激人的皮肤和胃壁，硬化剂会产生有害的气体，所以维修塑料部件前需注意以下 5 点。

（1）仔细阅读所有的标签说明和警告内容。

（2）必须穿戴好耐化学腐蚀的防护手套、密封很严的防护眼镜及合身的防护服。

（3）当切割、打磨或研磨塑料部件时，要做好防尘控制。

（4）如果树脂或硬化剂接触到皮肤，要及时使用硼砂皂和热水（或酒精）进行清洗。

（5）工作区域必须具备良好的通风条件。

6.3.2.3　塑料部件的维修方法

塑料部件的维修方法有热塑成形、塑料焊接和黏结 3 种。

1．热塑成形

热塑成形仅适用于热塑性塑料，修复凹陷、裂缝，穿孔或刮痕无法使用这种方法维修。该方法维修迅速、简单、干净且成本低廉，因此经常被采用。

2．塑料焊接

塑料焊接并非适用所有的塑料，因此需要识别塑料的种类。此外，穿孔维修难度也很大，因此很少采用这种维修方法。

3. 黏结

黏结方法适用于维修所有的塑料部件，也适用于穿孔、刮痕和裂缝。同时，采用这种方法修复后的塑料部件强度较高且具有良好的喷漆附着性。

6.3.2.4 塑料部件的黏结维修工艺

1. 清洁损伤部件

用水清洁需要维修的塑料部件并进行干燥处理，然后使用清洁剂和稀释剂对部件继续彻底处理，最后风干约 5 min。

2. 对塑料部件进行预处理

使用带式打磨机将维修部位边缘的正面磨削成楔形。依次使用 120 目砂纸和 240 目砂纸进行打磨。如果损伤部件有一个裂缝，那么必须在裂缝端部钻孔，最好钻出直径为 6 mm 的孔，这样可以有效避免裂缝继续扩大，要求将这个孔也磨削成楔形。

3. 黏结

背面与正面都要进行打磨处理。另外，必须清除研磨粉尘。

（1）维修部件背面。

① 为了增加维修后的部件强度，在裂缝端部黏结加固条，起到加固作用。

② 在损伤部位的背面涂敷黏结剂。随后根据损伤部位的大小裁剪一块网状加强织物，将其放入黏结剂中，使黏结剂完全渗入整块织物。

③ 烘干。使用红外线灯以 60～70℃照射维修部位约 15 min，必须先等经过处理的背面硬化后，才能对维修部位的正面进行黏结。

（2）维修部件正面。

① 将黏结剂涂敷在维修部位的正面，尽量不要渗入空气，使用刮刀从维修部位的中部向外刮平，保证黏结剂的用量足够填平缺陷部位。

② 使用红外线灯对维修部位干燥处理约 15 min，在室温条件下冷却。

③ 磨除多余的黏结剂。先使用 120 目砂纸进行粗打磨，再使用 240 目砂纸精打磨，研磨完成后清洁部件。

④ 在维修部位喷涂薄薄的一层底漆，等待底漆自然干透（约 10 min），然后进行漆面的喷涂施工。

6.3.2.5 塑料部件的焊接维修工艺

视 频
汽车塑料保险杠的维修

塑料焊接是指使用加热的方式将两个塑料制件的接触面同时熔化，从而使它们结合成一个整体的连接方法，此法仅适用于热塑性塑料连接。焊接时可使用焊条或不使用焊条。当使用焊条时，需将被焊端的端面制成固定形状（如 U 型、X 形等）的接缝，将焊条熔融体滴满焊缝，使两个被焊件连成一体；当不使用焊条时，则将焊接面加热熔化，再向被焊面施加垂直压力直至使其紧密熔合为一体。

塑料焊接主要采用热空气焊接法。焊接时一般使用热空气焊炬,即采用一个陶瓷或不锈钢电热元件来产生热风,热风的温度为230~340℃,热风通过喷嘴吹到焊件及焊条上,加热塑料焊缝,使其软化,然后将加热的焊条压入焊缝即可。

1. 焊缝的形式

首先,使用180目砂纸和砂轮机打磨受损部位,将受损部位周围的油漆边修薄,如图 6-5 所示,然后吹去粉尘;其次,在焊接前还需对焊缝进行打磨。焊接塑料时常见的焊缝类型有 V 形和 X 形两种,X 形可用于厚度较大的焊接,缝的角度大些,强度也可提高。

图 6-5　使用砂轮机打磨受损部位

2. 焊缝的定位焊

使用夹钳对焊缝进行固定,用喷嘴将焊缝坡口两侧熔化并在坡口底部形成定位焊点,然后沿坡口进行定位焊。焊接时喷嘴要压紧,确保能接触到坡口的两侧且移动匀速、稳定。在进行定位焊时不需要使用焊条,使用喷嘴在焊缝坡口底部将两板同时熔化出很窄的一条边,熔化后两板即能焊接到一起。必要时还可进行定位调整,然后再焊接。

3. 焊接操作

如图 6-6 所示,在塑料焊接前使用3 mm 的钻头在塑料保险杠裂纹的两端各打一个止裂孔,在焊缝处做出 60° 左右的斜槽,在斜槽内添加熔化的焊条,形成焊缝。焊接时,喷嘴与焊件表面呈 30° 且距离焊件表面 6~12 mm,使焊条与焊件表面保持垂直,将切好的焊条置于焊缝起始处。左右摆动焊炬向焊条和焊件吹热风,同时将焊条压入焊缝内,通过调节热量控制焊条的熔化速度,焊接塑料保险杠如图 6-7 所示。继续加热,直到焊条与焊缝材料互熔,结为一体。如果焊条落入焊缝后堆成一团,或焊条在焊接过程中拉断,则会降低焊缝强度。

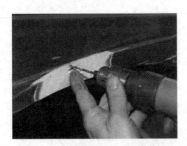

图 6-6　在裂纹的两端打止裂孔

图 6-7　焊接塑料保险杠

视频
汽车塑料保险杠孔洞修复技术

结束焊接时，在停止加热后还需要对焊条施加几秒钟的压力，待冷却到不能拉动焊条时，再使用钳子去除剩余的焊条。焊接后，热固性塑料的冷却时间约为 15 min，而热塑性塑料的冷却时间约为 30 min。

4．焊缝处理

对于焊接后的焊缝可以使用不同类型的砂纸进行打磨，粗打磨时可以选用 100 目砂纸，将焊缝打磨光滑。在粗打磨后，使用目测法检查焊缝是否存在焊接缺陷，如虚焊或裂纹等。最后使用 600 目砂纸和 800 目砂纸对焊缝进行精细打磨。

6.3.2.6　汽车保险杠的拆装与调整

视　频
汽车前保险杠的拆装与调整作业

1．前保险杠的更换

（1）前保险杠的拆卸步骤。

① 打开发动机罩盖，松开保险杠上部的紧固螺栓。

② 将左右轮拆下，松开轮罩。

③ 从翼子板后面卸下保险杠侧面的紧固螺栓。

④ 断开雾灯等电源连接线，整体拆下保险杠。

⑤ 拆下防撞条、导流板等零部件。

（2）前保险杠的安装步骤。

安装应按照拆卸的相反顺序进行，注意前保险杠的安装位置是否还原，连接好电线插头。

2．后保险杠的更换

（1）后保险杠的拆卸步骤。

① 打开后备箱盖，松开保险杠上部的紧固螺栓。

② 将左右轮拆下，松开轮罩。

③ 从翼子板后面卸下保险杠侧面的紧固螺栓。

④ 断开电器零部件的电源插头，整体拆下保险杠。

⑤ 拆下防撞条、导流板等零部件。

（2）后保险杠的安装步骤。

安装应按照拆卸的相反顺序进行，注意后保险杠要安装到侧面的导向件内，连接好电线插头。

6.3.2.7　工作页

1．塑料部件的损坏通常分为 3 种损伤类型：_____、_____、_____。

2．塑料部件损坏需要更换的情况：_____。

3．轻度和中度损伤时采用维修塑料部件的方式，其中包括车身面板_____、_____、_____等。

4．塑料部件维修时的注意事项有哪些？

_____

_____。

5．塑料部件黏结前，应_____处理。

6．如果塑料部件的损伤部位有一个裂缝，那么必须_____

_____。

7．黏结法修复塑料部件背面：在裂缝端部黏结_____，起到加固作用。在损伤部位背面涂敷_____，根据损伤部位大小裁一块_____，将其放入黏结剂中，使黏结剂完全渗入整块织物。必须等经过处理的背面_____，才能对维修部位正面_____。维修部件正面：将黏结剂涂敷在维修部位的正面，_____，使用刮刀从维修部位中部向外刮平，保证_____。

8．塑料部件的焊接维修过程中焊缝的类型有_____型和_____型两种。

9．焊缝的定位焊：_____

_____。

10．塑料部件的焊接操作过程有哪些步骤？

_____

_____

_____

_____

11．塑料焊接维修后焊缝如何处理？

_____

_____

_____

_____

12．前保险杠的拆装流程是什么？

_____

_____

_____

_____

13．实训。

准备好钣金工具和设备、实训车、塑料保险杠、个人和车辆防护用品（耳罩、手套、护目镜、翼子板板布等）。

将学生分成 4 个小组，每个小组领取一个受损的塑料保险杠，以及相关的焊接工具、设备和防护用品。每名学生独立完成塑料保险杠的焊接任务，小组成员轮流操作，相互评价并记录。

焊接法修复受损的塑料保险杠工作表

班级：		姓名：		日期：

任务描述：

（1）塑料保险杠出现开裂，长度为 50 mm，采用焊接方法进行修复；

（2）规范使用修复工具进行塑料保险杠的维修；

（3）对修复后的塑料保险杠进行质量检验

作业记录单				
1. 修复受损塑料保险杠				
序号	步骤	内容	工具	注意事项
1				
2				
3				
4				
5				
6				

2. 塑料保险杠修复后的检查

项目	修复后表面与原表面的差值（标准值：_____）	焊缝拉力测试	焊缝外观质量
检查结果			
总结评价			

6.4 理论测试

一、填空题

1. 塑料的种类有_____、_____、_____。

2. 塑料焊接指_____。

3. 塑料有记忆效应，即_____。

4. 塑料部件的维修方法有_____、_____、_____。

5. 黏结法维修步骤分为_____、_____、_____。

二、单项选择题

1. 下列叙述中，正确的是（　　　）。

　　A. 热固性塑料燃烧时会产生熔滴

　　B. 热塑性塑料燃烧时会产生熔滴

　　C. 两种塑料燃烧时都会产生熔滴

2．热空气塑料焊接使用电热工具产生热空气的温度一般要求达到（　　　）。

　　A．150～250℃　　　　　　　　　　B．230～340℃

　　C．300～400℃

3．热固性塑料的冷却时间约为（　　　）。

　　A．5 min　　　　　B．10 min　　　　　C．15 min

4．对塑料焊接前一般要进行临时点焊，下列操作中错误的是（　　　）。

　　A．使用圆形电极头

　　B．临时点焊时不使用焊条

　　C．焊接前要先固定好位置

5．使用黏结剂修复塑料时，固化时间为（　　　）。

　　A．3～12 h　　　　　　　　　　　B．5～24 h

　　C．根据所使用黏结剂的种类决定

三、判断题

1．一般塑料件的修理时间比钢板的修理时间要短。　　　　　　　　　　（　　　）

2．热固性塑料件的损坏可以使用塑料焊机进行焊接维修，也可以进行黏结维修。（　　　）

3．所有损坏的塑料件都可以维修后再继续使用。　　　　　　　　　　　（　　　）

4．一般不建议使用燃烧法来鉴别塑料的种类。　　　　　　　　　　　　（　　　）

5．通过塑料件上的编号识别塑料是最可靠的方法。　　　　　　　　　　（　　　）

6．部分更换塑料件时，一般可以在任意位置进行切割。　　　　　　　　（　　　）

四、简答题

案例分析：结合图示，根据塑料保险杠的损伤情况制订修复方案。

_____

_____

_____

_____

_____

_____

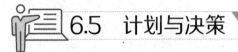

6.5　计划与决策 ▽

1．分组制订"修复受损的塑料保险杠"的工作计划。

工作计划表

品牌		整车型号		生产日期	
发动机型号		发动机排量		行驶里程	
车辆识别码					
工作任务	修复受损的塑料保险杠				
工作内容	选择合适的修复方法，规范使用修复工具和设备修复受损的塑料保险杠				

作业记录单

1. 判断塑料保险杠损伤情况

项目	作业内容			
塑料保险杠损伤判断方法	①	②	③	④
塑料保险杠损伤情况（位置、程度）				

2. 修复方法

	序号	步骤	内容	工具	注意事项
修复流程	1				
	2				
	3				
	4				
	5				
	6				
	7				
	8				
	9				
	10				

3. 塑料保险杠修复后的检查

项目	修复后表面与原表面的高度差值（标准值：_____）	前保险杠与大灯间隙（标准值：_____）	前保险杠与前翼子板的间隙（标准值：_____）	前保险杠与发动机罩盖的间隙（标准值：_____）
测量值				
结果判断及处理				
计划审核（教师）		年　月　日　签字：		
工作中出现的问题		经验总结及改进措施		

续表

结论和维修建议			
预估工时		成本预算	

2．学生小组合作，按照任务决策的关键要素完成任务决策。

（1）与师傅沟通，明确计划可行性。

工作任务的时间控制和成本控制，工作步骤的正确性、规范性和合理性，工作过程的安全性和环保性，考虑厂商的经济效益和工作效率等，并记录决策结果与师傅的建议。

（2）与客户沟通，明确计划可行性。

请站在客户的角度，和客户沟通任务计划实施的可能性（包括有几种可能供客户选择的方案，哪些项目做或不做，现在做还是未来做，考虑客户的成本控制、时间控制、安全性、环保性、美观性和便利性等，并记录决策结果与客户的意见）。

📢 6.6　任务实施 ▼

1．学生按照本组制订的工作计划进行塑料保险杠的维修工作，将修复过程及修复质量评估结果记录到工作计划的表格中。

2．查询工厂信息管理系统，进行备件和人员工资测算后，将其记录在工作计划表中的相应位置。

3．实施过程评价

塑料保险杠的维修评价表

序号	评价内容	评价标准	配分	得分
1	安全防护	脚垫、转向盘罩、翼子板布、前栅子布，车轮挡块、安全鞋、棉纱手套、纸胶带、护目镜、口罩、检查车辆驻车，少一项，扣 1分，本项共 10 分，扣完为止	10	
2	识别塑料	正确识别塑料类型，错一项，扣 1 分，本项共 5 分	5	

续表

序号	评价内容	评价标准	配分	得分
3	支撑车辆	1. 车辆挡块支撑位置错误（仅前部），扣2分；挡块安装方向错误或偏移过大，扣1分； 2. 车辆举升前未进行安全检查，扣1分； 3. 未检查举升机落锁情况，扣1分	5	
4	拆卸前（后）保险杠	1. 未按规范拆卸水箱上护板，扣1分； 2. 未进行车身贴护，扣2分；贴护不规范，扣1分； 3. 未按规范拆前（后）翼子板轮眉装饰板，扣2分； 4. 未按规范断开线束连接器，扣1分； 5. 带电插拔线束连接器，扣2分； 6. 未按规范拆卸前（后）保险杠，扣2分； 7. 工具选择不当，扣2分；工具使用不当，扣1分； 8. 拆卸造成零部件或总成损坏，每件扣5分	12	
5	焊接保险杠破损部位	1. 焊接前未清洁受损区域，扣1分； 2. 焊接前未打磨去除受损区域毛刺及表层污物，扣2分； 3. 未使用3 mm钻头钻止裂孔，每个扣1分； 4. 焊接前未加热整平受损区域，扣2分； 5. 未按HG/T 4281—2011相关规定开坡口，扣4分； 6. 未进行试焊，扣2分；试焊位置选择错误，扣1分； 7. 焊接后未平整焊接区域，每面扣2分； 8. 焊接后未打磨焊接区域，每面扣2分；正面打磨区域（裂纹两侧及端部各3～5 cm）过大或过小，扣2分； 9. 工具选择不当，扣2分；工具使用不当，扣1分	18	
6	安装保险杠	1. 未按规范安装线束连接器，扣1分； 2. 带电插拔线束连接器，扣2分； 3. 未检查前雾灯工作情况，扣1分； 4. 未按规范安装前保险杠，扣2分； 5. 未按规范安装翼子板轮眉装饰板，扣1分； 6. 未按规范安装水箱上护板，扣1分； 7. 安装顺序不合理造成重复拆卸，扣2分； 8. 工具选择不当，扣2分；工具使用不当，扣1分； 9. 螺栓或卡扣漏装，每个扣2分，共4分，扣完为止； 10. 安装造成零部件或总成损坏，每件扣5分	15	
7	焊接质量检验	1. 焊接处产生气孔、夹渣，每处扣2分，共4分，扣完为止； 2. 出现漏焊，每处扣2分，共4分，扣完为止； 3. 产生虚焊，每段（20 mm长度为一段，最后不足20 mm算一段）扣6分； 4. 焊接后的正面打磨区域与相邻区域过渡不平滑，扣4分	10	
8	安装质量	1. 前（后）保险杠安装不到位，每处扣3分，共6分，扣完为止； 2. 前（后）翼子板轮眉装饰板安装不到位，每个扣2分，共4分，扣完为止	10	

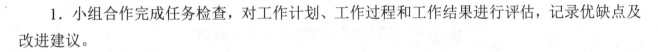

续表

序号	评价内容	评价标准	配分	得分
9	工作过程	工作态度积极，文明操作，轻拿轻放，言行举止等合乎要求。动作不规范，其中有野蛮操作行为扣5分，有不文明语言行为扣5分，扣完为止	5	
10	"5S"管理	1. 操作过程中工、量具或工件掉落或落地，每件扣1分，共4分，扣完为止； 2. 零部件摆放不当，或摆放存在安全隐患，每件扣1分，共2分，扣完为止； 3. 操作完成后设备及工、量具未清洁或归位，每项扣1分，共4分，扣完为止； 4. 贴护未清除，扣1分； 5. 未清洁车辆、场地，每项扣2分	10	
		合　计	100分	

6.7　任务评估

1．小组合作完成任务检查，对工作计划、工作过程和工作结果进行评估，记录优缺点及改进建议。

（1）检查工单（检测结果、维修建议、维修措施、故障排除情况）。

（2）必要的"5S"管理（车辆、工位、场地）。

（3）请根据实施维修作业的实际情况，完善改进工作计划。

2．车辆维修结束，进行功能检查并将修复后的车辆及相关物品交付给组长，作为修理工需要交付哪些物品？写出交付车辆过程中需要注意的事项。

 ## 6.8 任务反思 ▼

在"塑料件的修复"学习过程中你有哪些收获，总结一下吧！

序号	项目	总结内容
1	单元知识点总结	
2	目标达成情况	
3	达成目标的原因	
4	未达成目标的原因	
5	工作过程反思	
6	在今后学习中要保持的	
7	在今后学习中要杜绝的	
8	在今后学习中要尝试的	

6.9 知识拓展 ▼

食品塑料制品好与坏的鉴别方法

一款好的产品如何鉴别其质量，不同的行业有不同的方法，有使用科技设备来检测的，也有通过日常经验来鉴别的。对于日常用到的塑料制品来说，使用专业的检测设备是非常科学与精确的，但有时出于时间与成本上的考虑，会使用一些非常简单的方法来鉴别塑料制品的好与坏，此处借鉴了中医学的"望"和"闻"这两种方法。

第一种方法为"望"：通过"看"的方法，也可以确认适合用于食品的塑料制品，即做出初步评估。如普通聚乙烯食品包装袋，应该是透明或半透明的，若包装袋颜色混浊或为带色塑料袋，则大多是用回料生产的伪劣商品（着色剂不一定是有毒的，但着色剂经常被用来掩盖背面材料的泛黄或深色缺陷），不能用来包装食物。PET 和 PC（聚碳酸酯）制成的塑料瓶，若透明度差或为较暗的颜色，则可能是应用回料生产的，尽量不要使用。

第二种方法为"闻"：闻起来有刺鼻或是令人难受的气味，那么这类食用塑料制品可能存在安全问题。有些厨具的塑料配件（如锅柄）遇到高温时，会释放出难闻的气味，这类物质也是有毒的，吸入过多会危害人体健康；还有一些劣质的电热塑料烧水壶在加热烧水时，也会产生难闻的气味，这类塑料壶对人体也不安全。

另外，应学会识别塑料制品标记。正规厂家生产的塑料制品，都会在产品上或是产品包装上注明原料成分或原料英文缩写字母。无论是单纯的塑料容器产品还是作为食品的包装容器，一般都会在容器上印有循环再生标志，并且在三角形中间标有 1～7 的数字，同时还会注明原料的英文缩写字母，塑料制品底部回收标识的含义见表 6-1。三角形中标"1"表示原料为聚乙烯对苯二甲酸酯（PET）；"2"表示原料为高密度聚乙烯（HDPE）；"3"表示原料为聚氯乙烯（PVC）；"4"表示原料为低密度聚乙烯（LDPE）；"5"表示原料为聚丙烯（PP）；"6"表示原料为聚苯乙烯（PS）；"7"表示原料为1～6类以外的塑料，这类塑料中，在食品方面用途最广的是聚碳酸酯（PC）。

总之，有了这两种简单的方法，便可以区分一般性的食品塑料制品的好与坏。如果需要更详细的参数，就必须进行更科学、严谨的测试来获得相关数据。

表6-1 塑料制品底部回收标识的含义

材质	常见产品	使用注意
△1 PET 聚乙烯对苯二甲酸酯	饮料瓶、桶装水、日化用品	避免高温，使用10个月以上会产生有害物质
△2 HDPE 高密度聚乙烯	食品、药品及清洁、沐浴产品包装，如酸奶瓶、口香糖瓶、沐浴露瓶	不易清洗，不建议循环使用
△3 PVC 聚氯乙烯	塑料袋、桌垫、跳绳、橡皮	遇高温和油脂会释放有害物质，不宜接触食品
△4 LDPE 低密度聚乙烯	保鲜膜、塑料袋、牙膏等软管包装	避免高温，不宜接触含油脂的食物
△5 PP 聚丙烯	保鲜盒、快餐盒、吸管、玩具、脸盆等	110℃以上易变形
△6 PS 聚苯乙烯	快餐盒、透明包装盒、一次性塑料餐具、自助式托盘等	避免高温，有"苯乙烯"残留的风险
△7 OTHER	婴幼儿奶瓶、太空杯	不可加热，不宜长时间被太阳照射

参 考 文 献

[1] 刘森. 汽车钣金工基本技术[M]. 北京：金盾出版社，2001.

[2] 韩星，黄平. 汽车车身修复技术[M]. 北京：人民交通出版社，2009.

[3] 上官登仁，张启森. 汽车钣金技术理实一体化教材[M]. 北京：人民交通出版社，2015.

[4] 张俊. 汽车车身修复专门化[M]. 北京：人民交通出版社，2004.

[5] 张启森. 汽车钣金维修[M]. 2版. 北京：中国劳动社会保障出版社，2015.

[6] 黄靖淋，石岩，朱胜平. 汽车车身钣金修复技术[M]. 沈阳：东北大学出版社，2014.

[7] 中国汽车维修行业协会. 车身修复模块 F[M]. 2版. 北京：人民交通出版社，2015.

[8] 李新起. 汽车车身修复技术[M]. 北京：中央广播电视大学出版社，2006.

[9] 谢伟钢，赵镇武. 汽车钣金技术[M]. 3版. 北京：人民交通出版社，2020.

[10] 马祥原，庄益来. 汽车车身维修（任务篇）[M]. 北京：人民交通出版社，2018.